德行赢人心

正能力十书

秦月 编著

U0912484

二十一世纪出版社集团
21st Century Publishing Group
全国百佳出版社

图书在版编目（CIP）数据

德行赢人心 / 秦月著. -- 南昌： 二十一世纪出版社集团，2018.6

ISBN 978-7-5568-2901-9

Ⅰ. ①德… Ⅱ. ①秦… Ⅲ. ①品德教育－中国－通俗读物 Ⅳ. ①D648-49

中国版本图书馆 CIP 数据核字 (2017) 第 176001 号

德行赢人心 秦月 / 编著

策　　划 张　明
责任编辑 敖登格日乐
出版发行 二十一世纪出版社集团
（江西省南昌市子安路75号　330009）
www.21cccc.com　cc21@163.net
出 版 人 张秋林
经　　销 新华书店
印　　刷 北京正合鼎业印刷技术有限公司
版　　次 2018年6月第1版　2018年6月第1次印刷
开　　本 787mm × 1092mm　1/16
印　　张 15.75
字　　数 230千字
书　　号 ISBN 978-7-5568-2901-9
定　　价 39.80元

赣版权登字—04—2017—537

目录

为君卷

第一

原文：

夫人者国之先，国者君之本。人主之体，如山岳焉，高峻而不动；如日月焉，贞明而普照。兆庶之所瞻仰，天下之所归往。（《帝范》）

译文：

人民是一个国家之所以建立的先决条件。做君主的外观上给人的感觉应该是像山岳一样，稳重而高峻；要像太阳和月亮一样具有永恒的光热，而且普照万物。君主是老百姓行动的指南，也是天下民众所向往的归宿。

解读：

想要驭人的君主，首先要做好自己，因为君主是人民的表率。这里提到做君主的一些基本条件。首先外在要稳重，遇事就不知所措的人是做不了君主的。再者要有能量，像阳光普照万物一样，如果没有能力，而且这种能力又不能发挥，也是做不了君主的。最后最重要的就是要爱民，让人民有所行、有所归。

案例：

汉文帝爱民如子兴天下

汉文帝刘恒，是汉高祖刘邦的第四个儿子，从小就奉行孝道。刘恒被封为代王时，生母薄太后跟随他住在一起。刘恒与母亲感情深厚，倾心地侍奉母亲，尽力让她感到快乐和满足。然而薄太后身体虚弱，常患病，连续三年都卧病在床。三年里，汉文帝每日勤理朝政，下朝后便衣不解带地陪伴在薄太后病床前。给太后煎好的汤药，他总要亲自尝过才放心让母亲服用，唯恐药饵失调。那些日子里，汉文帝往往通宵达旦，陪伴在母亲身边。三年后，母亲的身体终于康复，他却由于操劳过度累倒了。汉文帝的仁义和孝顺感动了天下人。

汉文帝为人节俭敦朴，严于律己，私用物品很少增添。有一次他想修筑一座露台，算了一下需花费黄金一百斤，相当于中等人家十户的家产，就作罢了。他反对厚葬，其墓陪葬品全用陶器，不准用金银等贵重金属。他还主张死后把夫人以下的宫女遣送回家，让她们改嫁。

在汉文帝时，草鞋已经沦为贫民的穿着，而汉文帝刘恒穿着草鞋上殿办公，做了节俭的表率。不仅是草鞋，就连他的龙袍，也叫作“绨衣”，绨在当时就是一种很粗糙的色彩暗淡的丝绸。就是这样的龙袍，也一穿多年，旧了，皇后给他补一补，再穿。汉文帝自己穿粗布衣服不说，后宫也是朴素服饰。即使自己最宠幸的夫人，也不准衣服长得下摆拖到地上。宫里的帐幕、帷子全没刺绣、不带花边。

汉文帝在位期间，轻徭薄赋，甚至二十年免收全国田赋。他还亲自耕作，做天下之表率，推动了生产力的迅速恢复与发展，与后来的汉景帝一起开创了历史上“文景之治”的繁荣时代。

汉文帝刘恒，以帝王之躯，行节俭之道，严于律己，并且十分勤政爱民，如此，怎么能不成为一个好的君主呢？！

同理，在现代的团队协作中，要想成为一位优秀的带头人，自己就要率先垂范。

原文：

宽大其志，足以兼包；平正其心足以制断。非威德无以致远，非慈厚无以怀人。抚九族以仁，接大臣以礼。奉先思孝，处位思恭。倾己勤劳，以行德义，此乃君之体也。（《帝范》）

译文：

人君应该有宽广的胸怀和远大的志向，这样他的心才能包容宇宙，涵容万物。没有威望和好的德行，就不能号召远方；没有慈善和广厚的爱心，就不能安抚万众。以仁义来安抚九族，对大臣要以礼相待。敬奉祖先要做到孝，高居皇位要时时想到谦恭谨慎。君王应该克己勤劳，以彰显自己的德义。如果做到了上面的这些，就具备了为君的大体。

解读：

君主要想驾驭万民，要有广大的胸怀，如果君主为了小事就斤斤计较是不能成就大事的。还要有威望和爱心，这就既要树威，以使邪恶屈服，又不可穷兵黩武，要有仁爱之心。而且在皇位上要谦恭谨慎，不能唯我独尊。还要勤于政事，克制自己的私欲，彰显自己的仁德。君主正了，臣民还有什么不正的？

案例：

唐太宗勤政爱民铸贞观

唐朝贞观之治，并非一开始就造就的生平景象。贞观初期，天下连年灾害，尤其是贞观二年（628 年）的关中大旱，庄稼几乎颗粒无收，唐朝的储备粮也将要用尽，饥馑不但危及百姓的生命，也危及大唐王朝的安危。唐太宗李世民像历代帝王一样，将五谷丰登的希望，寄托于上天，但上天不为所动，旱灾依旧肆虐。李世民提出开渭河引水灌溉农田，又遭到众臣的反对，说开渭河将毁及龙脉，累及民力，有损大唐的根基。李世民面临登基以来的最大困难。李世民想要知道百姓们最真实的想法，于是换上布衣，拿上木锨，走出宫殿。在城门外，他遇见了众多百姓，那些百姓是专程为开河而来的。李世民看着自己的百姓，不由得潸然泪下。贞观四年（630 年），开春就有好消息，北胡部族内乱，突利率十万余众投奔李世民。

李绩在漠北打败颉利。这年岁末，关中、河南、山东等地五谷丰登，朝臣上书说天下大治，“商旅野次，无复盗贼，囹圄长空，马牛布野，外不闭户”，还说这一年因犯罪被叛死刑的只有二十九人。李世民不完全相信，他要微服私访，亲自下去看看。李世民来到自己曾经征战过的永丰仓城，遇到了一个中年汉子，那汉子说他长得像十五年前永丰仓城外的一个年轻将军，那个将军开了永丰粮仓，分给他们许多粮食，他们一家才没饿死。李世民问汉子：“如今的皇上，与当年的那个将军相比如何？”那汉子回答：“那个将军怎能和当今的皇上相比，将军只是分给我们一年的口粮，皇上让我们年年有粮、有衣。”汉子这话让李世民很感动。李世民来到洛阳，又是元宵节时，街上灯火虽不比隋朝豪华奢侈，但百姓的脸上却洋溢着笑容。

李世民立大志做明君，于是能广开言路，于是群臣进谏。旧时臣子考虑龙脉，不可谓不忠，李世民听完大臣们进谏，是为胸怀广阔；李世民为社稷多次深入民间，是为勤政爱民；贞观四年（630 年），北胡部族内乱，突利率十万余众投奔李世民，李世民接纳他们，同时又派李绩在漠北征战，打败颉利，恩威并施，树立威信，又不滥杀无辜黩武穷兵，于是立威四方；为君如此，爱民勤政、威镇四方，于是有贞观之治。

“上梁不正下梁歪”是一句中国古语，但是在现代一点都不过时——一个人想要带领团队一路领先地走下去，那么他本人就不能太懒惰，这样就会上行下效，形成良好的风气。

原文：

上不天则下不遍覆，心不地则物不毕载。太山不立好恶，故能成其高；江海不择小助，故能成其富。故大人寄形于天地而万物备，历心于山海而国家富。上无忿怒之毒，下无伏怨之患，上下交顺，以道为舍。故长利积，大功立，名成于前，德垂于后，治之至也。(《韩非子》)

译文：

上面如果不是有辽阔的天，就不能覆盖整个世界；心胸如果没有大地那样宽广，就不能负载万物。泰山对土石没有好恶之心，所以能够形成它的高大；江海对细流不加选择，所以能够形成它的富有。所以君主要像天地那样遍覆毕载而使万物齐备，要像山海那样不立好恶、不择小助而使国家富强。君主没有愤怒引起的毒害，臣民没有因积怨造成的祸患，君主和臣下都归真返璞，把道作为归宿。所以长远的利益积聚了，巨大的功业建立了，名望树立于生前，恩德流传于后世，从而达到治理国家的最高境界。

解读：

这里再次强调了君主要有宽广的胸怀，因为只有善纳万物，才能成其天下。在广纳万物之时，还要尽归于道，按照自然规律办事，如果积聚众人去干坏事，那也最终会失败。

案例：

光武帝与“强项令”：胸怀宽广成大业

董宣当洛阳县令，当时湖阳公主的家奴白天杀了人，因为藏在公主家中，官吏无法抓捕，等到公主出门，这个家奴陪同公主一起乘车，董宣在夏门外的万寿亭等候，拦住（公主的）马车，用刀圈地，大声数说公主的过失，呵斥家奴下车，接着便把家奴打死了。公主立即回到宫里向光武帝告状。光武帝极为愤怒，召来董宣，要用鞭子打死他。董宣磕头说：“希望乞求说一句话再死。”光武帝说：“想说什么话？”董宣说：“皇帝您因德行圣明而中兴复国，却放纵家奴杀害百姓，将拿什么来治理天下呢？臣下我不等鞭子打，请求能够自杀。”当即用脑袋去撞击柱子，顿时血流满面。光武帝命人扶着董宣，让他磕头向公主谢罪，董宣不答应。光武帝命小太监强迫他磕头，董宣两手撑地，一直不肯低头。公主说：“过去弟弟做百姓的时候，隐藏逃亡犯、死刑犯，官吏不敢到家门。现在做皇帝，威严不能施加给一个县令吗？”光武帝笑着说：“做皇帝和做百姓不一样。”当即命令：“硬脖子县令出去！”并赏赐董宣三十万钱。董宣把它全部分给手下众官吏。从此捕捉打击倚仗权势横行不法之人，没有谁不害怕得发抖。京城称之为“卧龙”。当时有歌谣歌颂他说：“衙门上没人击鼓鸣冤的官吏是董宣。”

光武帝刘秀不但没有因为公主告状就处死强项令董宣，反而赏赐了他三十万钱，于是董宣更加卖力地整顿吏治、打击不法之徒，一时治下清明。相反，如果刘秀当时处死了他，或者是处罚了他，效果就可能完全不同，也就不可能有“光武中兴”的局面出现了。由此可见，君主胸怀宽广在治国的时候作用十分重要。

封建时代的君主尚且知道为了国家繁荣，要宽容臣子的言论，尤其是忠贞的臣子的言论，现代团队的领导者也一样：只要没有太大的恶意，对于优秀团队成员的棱角，能包容的还是尽量要包容。

原文：

圆凿不可以方枘，铅刀不可以砍伐，此非常用之事不能成其功，非常用之器不可成其巧。故天失其常，则有逆气；地失其常，则有枯败；人失其常，则有患害。《经》曰：“非先王之法服不敢服。”此之谓也。(《便宜十六策》)

译文：

圆凿不可配以方柄，铅刀不可用来砍伐，使用不恰当的工具，便不能成其事；未用适当的方法，不足以成其功。而“本”即是常法要规，因此，天地失常则有灾变，人不用常法，必有祸害。所以《书经》上说：“若非先王所传下来的道统礼法，我不敢遵循。”就是这个道理。

解读：

做领导的人应该有一定的规则，针对不同的人和事，有不同的方法。其中有一些不变的规则是不能随意更改的，否则就会出现祸乱。

案例：

李世民因人而异对臣子

玄武门政变后的第三天，李世民被立为太子。两个月之后李渊退位做了太上皇，李世民登上皇帝之位，后人称之为唐太宗。第二年改年号为贞观。魏徵曾经是李建成的谋臣，杀李世民就是他的主意。李世民爱惜其才，不但没杀魏徵，还让他入朝为官，魏徵很是感动。于是魏徵一生对李世民忠心耿耿，数次以死进谏，使李世民帝王颜面尽失，李世民也数次说要杀魏徵，最终也没有执行。于是有“水能载舟亦能覆舟”和“以史为鉴可以正社稷”的佳话。

对待突厥颉利可汗的进攻，李世民则态度坚决：他亲自带领萧瑀、封德彝等六名文臣，骑马出玄武门，在城外渭水边与颉利隔水相见。李世民指责颉利违背信义，言明与大唐为敌之利害。随后，李世民又指挥后到的唐军从容布阵。颉利慑于李世民的气度，始终不敢过渭水。李世民命唐军撤离，独自一人留下，与颉利讲话。萧瑀为李世民担心，劝李世民调回军队。李世民自有留下的道理，一席话说得萧瑀心悦诚服。当天，颉利便只身到李世民帐下求和，李世民和颉利结盟，突厥大军退回草原。

对待魏徵，李世民大度包容，虽然几次因为面子不好看而要扬言杀人，最终也没有执行；面对叛乱的边疆首领，李世民则表现出了诚意、实力和真挚，三管齐下，使北胡大军退回草原。对待不同的人和事，他有不同的办法，但只有一个核心原则不会改变：大唐的稳定和繁荣。作为领导，应当容得下各类下属，只要大家都是为了集体共同的繁荣就好，这一点是不能变的。谁有危害之心，立刻要像李世民指挥后到的唐军从容布阵一样，拿出杀伐决断的态度，只有这样，团体才会蒸蒸日上。

原文：

故曰：君无见其所欲，君见其所欲，臣自将雕琢；君无见其意，君见其意，臣将自表异。故曰：去好去恶，臣乃见素；去旧去智，臣乃自备。故有智而不以虑，使万物知其处；有贤而不以行，观臣下之所因；有勇而不以怒，使群臣尽其武。是故去智而有明，去贤而有功，去勇而有强。君臣守职，百官有常，因能而使之，是谓习常。（《韩非子》）

译文：

所以说：除去爱好，除去厌恶，臣下就表现实情；除去成见，除去智慧，臣下就戒饬自己。所以君主有智慧也不用来思考，使万物处在它适当的位置上；有才能不用施展，以便察看臣下依据什么；有勇力也不用来逞威风，使臣下充分发挥他们的勇武。因此君主离开智慧却仍有明察，离开贤能却仍有功绩，离开勇力却仍有强力。群臣恪守职责，百官都有常法，君主根据才能使用他们，这叫遵循常规。

解读：

君主要坚持以虚静的态度对待臣民，不要表露自己的欲望和见解，使臣下无法推测君主的心意。君主要做的就是要臣子和万民自己去做，发挥他们自己的聪明才智。

案例：

乾隆帝“明知故犯”用和珅

众所周知，和珅“富可敌国”，是大清王朝的第一大贪官。据史料记载，当时清朝政府的年财政总收入折合白银约七千万两，和珅被抄家时，却抄出黄金三万二千多两，白银两百余万两，地产一千二百六十六顷，房产一千余间，各处当铺银号以及各种珠宝、饰物等，总价折合白银至今尚未有定论，有说合白银一千万两的，有说两千万两的，也有说达到了八万万两的。和珅不仅是大清王朝的第一大贪官，也可能是中国历史上最大的一个贪官。

按照大清律例，朝廷命官贪污大内库银是杀头之罪，和珅为何在被称为盛世的乾隆朝得以侥幸逃脱？从远处说，是腐朽的封建制度使然；从近处说，是唯我独尊的皇权使然。和珅结党营私，大肆敛财，乾隆皇帝并非不知情。和珅在朝二十余年，曾多次被官员们告发，却仍然得到皇上的宠幸，未尝有一次被成功弹劾。除了他自己稍见端倪，必设计除之而化险为夷，更多的是得到了乾隆的庇护。

乾隆为何要庇护和珅？这是因为和珅的贪腐不仅尚未危及皇权的安全，相反，让不同派系的官僚势力相互牵扯，却能更为有效地维护皇权的绝对威严。乾隆深信，容忍和放纵一定程度的贪腐是极权体系得以长久维护的必要条件，官员的贪污腐败是一个掠夺型的权力寻租行为，是庇护和维持体制得以延展所必需的权力联动现象。研究表明，贪腐在现时的权力旋涡中形成了一种质押机制，它使由官僚集团腐败体系中处于低层次的内部人发动反叛的可能性最小化。

乾隆皇帝的举动，在现代人的眼光看来，虽然有很多不可理喻之处，但也是很好的为君之道：君主不要轻易表露自己的欲望和见解，使臣下无法推测君主的心意。在领导团队的时候，领导们虽然不能完全照搬乾隆皇帝的做法，可是一定要学习乾隆帝的不动声色啊，只有这样，团队成员才能既高效工作，又相互牵制，而有的时候这种微妙的制衡，恰恰是一个团体活力之所在。

原文：

君人者，诚能见可欲则思知足以自戒，将有作则思知止以安人，念高危则思谦冲而自牧，惧满溢则思江海下百川，乐盘游则思三驱以为度，忧懈怠则思慎始而敬终，虑壅蔽则思虚心以纳下，想谗邪则思正身以黜恶，恩所加则思无因喜以谬赏，罚所及则思无因怒而滥刑。总此十思，弘兹九德，简能而任之，择善而从之，则智者尽其谋，勇者竭其力，仁者播其惠，信者效其忠。文武争驰，君臣无事，可以尽豫游之乐，可以养松、乔之寿，鸣琴垂拱，不言而化。何必劳神苦思，代下司职，役聪明之耳目，亏无为之大道哉！（《贞观政要》）

译文：

好的国君，在遇到想要的东西时，就要思考知足常乐的道理，进行自我约束。在有所行动之前，应该想一想，这是不是可以不做，会不会惊动百姓。常常有危机意识，才能够使自己的思想谦虚平和。害怕骄傲自满，就应该常常思考海纳百川的道理。如果喜欢打猎，就该有所限度。担心自己懈怠，就应该想想凡事如何做才能善始善终。害怕自己受蒙蔽，就应该想一想自己如何虚怀若谷才能广纳臣子的意见。担心听信谗言，就应该思考如何使自己行为端正，以达到惩恶扬善的目的。实行赏赐，不要因为自己的喜好而随意改变标准。执行惩罚，也不可因自己一时的怒火而恣意滥用。做到了“十思”，发扬了“九德”，那么一个国家就能够人尽其才，智者能够发挥他的智谋，勇者能够竭尽他的武力，仁者能够传播他的贤德，信者能够表现他的忠义，文臣武将都能够竞相为朝廷效力。这样一来，国家就会太平，君臣之间融洽和睦，相安无事。国君可以安心巡游，弹琴作赋，颐养天年。天下自然无为而治，又何必去劳心费力，事必躬亲，违背无为治国的道理呢？

解读：

这是唐太宗的为君心得，他强调要居安思危，克己求正，使人尽其才，文臣武将都能够竞相为朝廷效力，君主只要无为就行了，这样就可以无不为。

案例：

晋悼公：有准备的“无为而治”

春秋时期，有一次宋、齐、晋、卫等十二国联合出兵攻打郑国。郑国国君慌了，急忙向十二国中最大的晋国求和，得到了晋国的同意，其余十一国也就停止了进攻。郑国为了表示感谢，给晋国送去了大批礼物，其中有：著名乐师三人，配齐甲兵的成套兵车共一百辆，歌女十六人，还有许多钟磬之类的乐器。晋国的国君晋悼公见了这么多的礼物，非常高兴，将八个歌女分赠给他的功臣魏绛，说：“你这几年为我出谋划策，事情办得都很顺利，我们好比奏乐一样的和谐合拍，真是太好了。现在让咱俩一同来享受吧！”可是，魏绛谢绝了晋悼公的分赠，并且劝告晋悼公说：“咱们国家的事情之所以办得顺利，首先应归功于您的才能，其次是靠同僚们齐心协力，我个人有什么贡献可言呢？但愿您在享受安乐的同时，能想到国家还有许多事情要办。《书经》上有句话说得好：‘居安思危，思则有备，有备无患。’现谨以此话规劝主公！”魏绛这番远见卓识而又语重心长的话，使晋悼公听了很受感动，高兴地接受了魏绛的意见。

晋悼公以文治武功引领晋国走向全盛，强化封建统治，铸造军国霸权。他挟天子而令诸侯，和戎狄以征四方，使晋国强势崛起，称霸中原，实乃天赋异禀的杰出政治家、战略家、纵横家，晋国霸业的复兴者，华夏民族融合的积极推动者，春秋中后期最出类拔萃的诸侯。他勤政爱民，亲贤远恶，果敢敏捷，从谏如流，是先秦乃至中国历史上极为罕见的天才君主。他不是天子却胜似天子，无霸主之名而具霸主之实，年纪轻轻却在政治上异常成熟。

他短暂的一生，宛如流星闪耀，划破先秦的历史长空。其诸多英明决策，影响华夏数千年文明的发展与传承。他取得如此的成就，和他的居安思危意识是分不开的。

为君如此，在现代社会，作为团队的领导也一样，只有有忧患意识，提早准备，才有可能实现“无为而治”。

原文：

凡百元首，承天景命，莫不殷忧而道著，功成而德衰。有善始者实繁，能克终者盖寡，岂取之易而守之难乎？昔取之而有余，今守之而不足，何也？夫在殷忧，必竭诚以待下；既得志，则纵情以傲物。竭诚则胡越为一体，傲物则骨肉为行路。虽董之以严刑，震之以威怒，终苟免而不怀仁，貌恭而不心服。怨不在大，可畏惟人，载舟覆舟，所宜深慎，奔车朽索，其可忽乎！（《贞观政要》）

译文：

历代帝王顺应天命之后，没有不担忧自己成就功业而德行却随之堕落的。很多人确实开头做得很好，可是能将这些好的做法坚持到底的却非常少，这难道真是创业容易守业难吗？过去夺取天下的时候力量无穷无尽，现在要守住基业却显得力不从心，究竟是什么原因呢？一个人有忧患意识的时候，必然诚心诚意对待下属；一旦自己的心愿达到了，就放纵私欲，不可一世。诚心待人，即使是敌人都可以结为朋友；不可一世，即使是兄弟也会反目成仇，形同陌路。即使用严酷的刑法、威严的气势来控制下属使其屈服，他们也只不过为苟且保全性命而心怀二志，外表谦恭却心存怨恨。怨气虽不在大小，但让人担忧的却是它违背了人心，其中所蕴含的道理就像水既可以让船行驶也可以让船沉没的道理一样，难道还不让人深思和警醒吗？奔腾的马车如果用腐朽的绳子来驾驭，还能指望它跑得很久很远吗？

解读：

善始者往往难善终，因为等有了天下后，君主就会放纵私欲，不可一世，这样就会失去民心，民心散了，那天下自然就乱了。所以这里提出了“水可载舟，亦可覆舟”的道理，要懂得民心的向背呀！

案例：

齐桓公前紧后松，下场凄惨

齐桓公是春秋五霸的第一霸主，但是晚年昏庸，常以“寡人有疾，寡人好色”为借口，耽于国事，并宠信易牙、竖刁、开方之徒。

齐桓公曾开玩笑地说想尝尝人肉的滋味，易牙就把自己亲生的儿子杀死，将儿子的肉蒸给齐桓公吃。

竖刁为了达到能亲近齐桓公的目的，主动把自己的阳具阉割掉。

开方本是魏国的公子，为了表示对齐桓公的忠诚，十五年不回魏国见父母。

齐桓公四十一年，管仲病重，齐桓公前来探望，问管仲将来谁可接任宰相之职。

齐桓公问：“易牙这个人怎么样？”管仲说：“易牙杀自己的儿子以迎合国君，不近人情，这个人不能用。”桓公问：“开方这个人怎么样？”管仲说：“开方父死不奔丧，违背亲情迎合国君，这种人不宜亲近。”桓公又问：“竖刁这个人怎么样？”管仲说：“竖刁阉割自己以迎合国君，不合人情，也不能重用。”

管仲去世后，齐桓公不听管仲的劝告，最终还是重用了这三个人，他们掌握了齐国的大权，尽失民心。齐桓公四十三年，齐桓公病重，齐国五位公子各自拉帮结派争立太子，易牙、竖刁等人趁机作乱。

他们堵塞宫门，加高了宫墙，不许任何人进入王宫。桓公病重，在宫里又无人照顾，有一宫女翻墙来到桓公居室。桓公说：“我又饿又渴，外面是怎么一回事？”宫女说：“易牙、竖刁堵住了宫门，拿不到吃喝的东西。”桓公这时才慨叹自己用错了人，觉得死后无颜见管仲，于是用衣袖蒙住了自己的眼睛，活活饿死在病榻上，饿死之后，他的尸体停在宫中无人敢收尸入棺，在床上停放了六十七日，尸体生出的蛆虫爬出门外。直到公子无诡即位后，才入殓、发布公告。

现代社会竞争激烈，作为团队的领导，带领自己的团队开拓新的领域，自然不易，打开局面后庆祝是可以的，但是请各位领导者铭记：要善始善终，能开拓能守成，才算得上一位优秀的团队领袖。

原文：

圣哲乘机，拯其危溺，八柱倾而复正，四维弛而更张。远肃迩安，不逾于期月；胜残去杀，无待于百年。今宫观台榭，尽居之矣；奇珍异物，尽收之矣；姬姜淑媛，尽侍于侧矣；四海九州，尽为臣妾矣。若能鉴彼之所以失，念我之所以得，日慎一日，虽休勿休，焚鹿台之宝衣，毁阿房之广殿，惧危亡于峻宇，思安处于卑宫，则神化潜通，无为而治，德之上也。(《贞观政要》)

译文：

贤明的君主能抓住每一个机会，挽救危难，让濒临灭亡的国家重新恢复正常，让废弛的礼仪法度重新发扬光大。不过，仅仅依靠一时的边境安定、国家安宁去维持统治，绝不是长久之计；停止战争，无所作为地维持现状，也难以统治百年。您现在住着豪华的宫殿，收藏有天下的奇珍异宝，举国的美女在身边侍候，四海九州的人民尽听您的调遣。如果能从以往的亡国事例中及时吸取教训，总结夺取天下的经验，每日谨慎地处理政务，不要懈怠；去掉纣王的奢靡，抛却始皇的残暴，从富丽堂皇的亭台楼阁中看出危亡的祸因，居安思危，像禹那样克己勤民，那么治国之理自然融会贯通。这样，即使表面什么也不做，整个国家也依然井井有条，这是为君之道的最好方法。

解读：

这是魏徵给唐太宗所上的箴书之一，指出国家长治久安、人民安定幸福的最好方法就是要吸取前朝灭亡的教训，克己勤民，居安思危，只有这样才能使臣民恭顺，利于统治，否则就会重蹈前朝覆辙。

案例：

居安思危，大汉方兴

《史记·平淮书》中写道："汉兴，接秦之弊，丈夫从军旅，老弱转粮饷，作业剧而财匮，自天子不能具钧驷，而将相或乘牛车，齐民无藏盖。……而不轨逐利之民，蓄积余业以稽市场……米至石万钱，马一匹则百金。"

这是司马迁笔下的西汉刚刚建立时的社会面貌，主要是社会经济状况，国内到处是一片荒凉残破的景象。物资匮乏，连皇帝也弄不到四匹毛色一样的马来拉车子，将相只能坐牛车；粮食、马匹的价格异常昂贵，一石米的价格高达一万钱，一匹马的价格则高达百两黄金。可以想象在广袤的国土上有多少人民流离失所、风餐露宿了。面对社会经济残破的局面，西汉王朝的君主们几乎白手起家，吸取亡秦教训，实行了休养生息政策。措施如下。

汉高祖刘邦时期：（1）劳力归农。（2）轻徭薄役，并且可以以钱代役。（3）薄敛赋税，规定田赋为十五税一（政府每年向土地所有者征收占收获物十五分之一的田税）。（4）鼓励生育，汉政府为了提高全国户数，在高祖七年（公元前200年）颁布"民产子"诏令，多生孩子可以免除两年赋税，这项政策使得汉初人口得到极大的提高。

汉高祖之后的几代皇帝，特别是文、景两代（汉文帝与景帝共在位39年），都大力推行休养生息政策。主要内容有三点。（1）重视农业生产。进一步推行"轻徭薄赋、奖励生产"的政策，把田租减为三十税一，嘉奖努力耕田的人；文帝减轻了人头税和徭役，实行与民休息的措施。（2）提倡节俭。如文帝身体力行，带头提倡：取消建造价昂贵的露台；死前留遗嘱，主张自己的丧事从简。（3）减轻刑罚。文帝废除了亲属连坐法，用笞刑（用竹板子打）代替使肢体残损的肉刑；景帝再次减轻了笞刑。

休养生息政策的实施，使得汉高祖时期，西汉的社会经济已经得到恢复发展，从而稳定和巩固了汉朝的封建统治秩序。到文、景年间，社会经济全面回升，出现了治世局面——文景之治，为西汉达到鼎盛时期奠定了好的基础。汉武帝时期，西汉的社会面貌完全焕然一新了，在世界上威名远播。司马迁的《史记·平淮书》反映了汉朝经过休养生息政策后，到汉武帝时国力强盛的景象：

“至今上即位数岁，汉兴七十余年之间，国家无事，非遇水旱之灾，民则人给家足，都鄙廪庾皆满，而府库余财。京师之钱累巨万，贯朽而不可校。太仓之粟陈陈相因，充溢露积于外，至腐不可食，众庶街巷有马，阡陌之间成群……”很多团队往往是在最危险的时候组建的，团队领导也多是临危受命，请各位在开疆拓土的同时借鉴前人的教训，这往往是通往成功的必经之路。

原文：

若成功不毁，即仍其旧，除其不急，损之又损，杂茅茨于桂栋，参玉砌以土阶，悦以使人，不竭其力，常念居之者逸，作之者劳，亿兆悦以子来，群生仰而遂性，德之次也。若惟圣罔念，不慎厥终，忘缔构之艰难，谓天命之可恃，忽采椽之恭俭，追雕墙之靡丽，因其基以广之，增其旧而饰之，触类而长，不知止足，人不见德，而劳役是闻，斯为下矣。譬之负薪救火，扬汤止沸，以暴易乱，与乱同道，莫可测也，后嗣何观！夫事无可观则人怨，人怨则神怒，神怒则灾害必生，灾害既生，则祸乱必作，祸乱既作，而能以身名全者鲜矣。顺天革命之后，将隆七百之祚，贻厥子孙，传之万叶，难得易失，可不念哉！（《贞观政要》）

译文：

如果要保住基业，不让它毁亡，就应该在兴国之后克制私欲，居住旧时的宫殿，即使再想修建其他的宫殿，也要免去那些不必要的东西，将需求减至最低。华丽的建筑夹杂着粗糙的茅屋，玉石雕成的阶梯中有着土做的台阶，一心一意地让自己的俭朴使天下人心悦诚服。同时必须时刻思量着为君为官者的安逸、百姓劳作者的苦累。能做到这一点，那么千千万万的人一定会为他的出现而感到高兴，万民景仰听从他，这是为君之道的中等。如果作为君主不认真思考，不慎重考虑他的所作所为的后果，忘记了创业的艰难，夜郎自大、一味迷信依赖天命，忽略古圣王恭谨俭朴的美德，大兴土木，一味追求靡丽的雕梁画栋，宫殿也在原先的基础上不断扩建、修饰，乐此不疲，永远没有满足的时候，这样，人们当然看不到他的德行，只见劳役，这是为君之道的下等。这种行为就像背着干柴去救火，用热水去止住沸腾的水，用暴政代替淫乱，其实和淫乱是一样的，它的后果不堪设想，后人应该警惕啊！如果帝王没有什么政绩，则必然招致百姓的怨恨，百姓怨恨就会触怒神灵，神灵发怒必然使灾害产生，灾害既然产生，祸乱就必然紧随而来。祸乱一旦产生，自然很难收拾，能够在这种情况下保全生命的人太少了。帝王如果顺应天命，创立基业之后，将有七百年的兴盛时期，将基业一代一代地传给子孙继承下去。江山很难得到但是很容易失去，面对历史的教训，为王者对此难道不应该有所警戒吗？

解读：

成由勤俭败由奢，对于夺取天下的君主来说，如果以为就此可以为所欲为是不行的。特别是一味地役使民力，使民不聊生，这样就会招致百姓的怨恨，百姓怨恨自然就会产生祸乱，则君主危矣，国家危矣。

案例：

大清王朝：成由勤俭败由奢

清朝的兴衰最能说明问题。

17世纪中叶清王朝定鼎北京以后，在康熙、雍正、乾隆三代皇帝的励精图治下，国家统一、人丁兴旺、经济繁荣、文化昌盛，中国进入了长达百余年的“康乾盛世”。

雍正二年（1724年）全国耕地已达八点九亿余亩，已远远超过明末崇祯时全国耕地总数六点七亿亩。乾隆三十五年（1770年）增至九点五亿亩，至乾隆末年，已超过十亿亩。人口发展也快，康熙六十一年（1722年）已突破一亿大关，雍正十二年（1734年）则为一点四亿，至乾隆五十五年（1790年），又突破了三亿大关，人均占地三点五亩。粮食产量约计两千零四十亿斤，人均口粮约六百八十斤，如扣除饲料、酿酒、制酱等用途，人均口粮仍达六百斤。

康、雍、乾三朝开疆拓土，中国疆域再次扩大，远迈汉唐，亦超越元代。

清代中国的疆域，其东北地区，北起自外兴安岭以南，东北至北海，东含库页岛；其西北地区，西至巴尔喀什湖（现位于哈萨克斯坦共和国境内）以西；其北部地区，北至今蒙古国恰克图；其南部，至南沙群岛；其东部，达沿海地区。清朝盛世时疆域辽阔，形成了空前“大一统”的多民族国家。

到乾隆即位，至乾隆二十年（1755 年）前后，从君主到八旗普通子弟，还是励精图治的精神面貌。从乾隆中叶开始，从中央到地方，怠惰之气开始抬头，甚至出现了因某地过于艰苦而官员不愿意赴任的情况，加之乾隆六次下江南，多次兴修园林等，自嘉庆立朝，大清就开始走下坡路，逐渐风光不再。到同治、光绪二帝，则达到了君主虽有心改革，但利益盘根错节，无法推行的地步，甲午海战，直至八国联军侵华，清王朝彻底走向覆灭边缘。

团队也是一样：经历了最初的艰苦创业，到达兴盛阶段，这个时候如果领导者头脑清醒，就应当继续保持初创时期的锐气，不应当任由团队中怠惰和奢侈之风蔓延。

原文：

贞观十年，太宗谓侍臣曰："帝王之业，草创与守成孰难？"尚书左仆射房玄龄对曰："天地草昧，群雄竞起，攻破乃降，战胜乃克。由此言之，草创为难。"魏徵对曰："帝王之起，必承衰乱，覆彼昏狡，百姓乐推，四海归命，天授人与，乃不为难。然既得之后，志趣骄逸，百姓欲静而徭役不休，百姓凋残而侈务不息，国之衰弊，恒由此起。以斯而言，守成则难。"太宗曰："玄龄昔从我定天下，备尝艰苦，出万死而遇一生，所以见草创之难也。魏徵与我安天下，虑生骄逸之端，必践危亡之地。所以见守成之难也。今草创之难既已往矣，守成之难者，当思与公等慎之。"（《贞观政要》）

译文：

贞观十年时，唐太宗问侍从的大臣："在帝王的事业中，创业与守业哪件事比较艰难？"尚书左仆射房玄龄对答说："国家开始创业的时候，各地豪杰竞起，你攻破他他才投降，你战胜他他才屈服，这样看来，还是创业艰难。"魏徵对答说："帝王的兴起，一定是在前朝衰乱的时候，这时推翻昏乱的旧主，百姓就乐于拥戴，四海之内也都会先后归顺，这正是天授人与，如此看来创业并不艰难。然而已经取得天下之后，骄傲放纵，百姓需要休养生息而徭役没有休止，百姓已经穷困凋敝而奢侈的事务还仍然不停，国家的衰败，常常就是这样开始的。这样看来，守业更难。"太宗说："玄龄当初跟随我平定天下，历尽了艰难困苦，多次死里逃生，所以知道创业的艰难。魏徵替我安定天下，担心出现骄奢淫逸的苗头，陷入危亡的泥坑，所以知道守业的艰难。如今创业的艰难既已过去，守业这一难事就得和诸公一道慎之才是。”

解读：

唐太宗与君臣讨论创业和守业哪个难的问题，其实也是一个用人驭人的问题，创业时多争战，就要多用武将和谋臣；守业时应强国富民，就要多用文臣和治臣。而且使用臣子的方法也要有新的方法，还以马上之术就不行了。

案例：

顺治皇帝“崇汉抑满族”治天下

顺治皇帝爱新觉罗·福临是清兵入关后的第一位皇帝，清兵入关后，在各方面面临巨大的挑战，顺治皇帝顺应形势，开始重用汉族官僚。对前明降清大臣洪承畴的重用就很说明问题。洪承畴原是皇太极时降清的明朝著名将领，他在建议清朝大军入关和招抚江南中立了大功，后遭满将猜疑被召回京，任大学士而无实权。顺治皇帝为结束西南战事消灭永历政权，认为“必得夙望重臣晓畅民情，练达事理者假以便宜，相机抚剿，方可救宁”，而“偏察廷臣无如大学士洪承畴”，因于顺治十年（1653年）五月，特升洪承畴为经略，“经略湖广、广东、广西、云南、贵州等处地方总理军务兼理粮饷”，破格授予“假以便宜”之权：“应巡历者随便巡历，镇抚以下听其节制，兵马钱粮听其调拨。一应抚剿事宜不从中制，事后报闻。清朝兵或留或撤，酌妥即行具奏。文武各官在京在外，应取用者择取任用。升转补调随宜奏请，吏兵二部不得掣肘；应用钱粮即与解给，户部不得稽迟。归顺官员酌量收录，投降兵民随宜安插。”这是极大的信任。顺治皇帝还亲自对洪承畴说：“卿练达民情，晓畅兵事，特假便宜，往靖南服。一应调度事宜，悉以委托。距京虽远，眷注弥殷。务殚忠猷，副兹信任。凡有奏请，朕靡不曲体。”洪承畴就是在这种特殊的信任中坐镇西南的。但洪承畴却有负委任，他坚持“以守为战”的方针，从未主动出击，致使坐镇数载，虚靡兵饷，因而引起朝臣不满，认为这是“坐而自困之道”。后来，洪承畴也感到不妙而上疏说，几年来“一筹莫展，寸土未恢”，自知“罪状有如山积”。于是一再请求解任。顺治皇帝一再“优旨慰留”，表示了对洪的不动摇的信任。后来，就在洪承畴难以为继、准备“回京调理”之时，大西军发生内讧，孙可望到洪承畴军前投降，终使洪收到了“以守为战”的招抚之功。这里顺治帝对洪承畴的坚决一贯的信任，作用巨大。当时魏裔介就说：“若非经略用人吏兵二部不得掣肘，阁部洪承畴亦岂能有所作为？”

在一个团队当中，领导对人员的任用要审时度势，在不同的时期要任用不同类型的人才，这样才有利于整个团队的健康发展。

任贤卷

第二

原文：

舟航之绝海也，必假桡楫之功；鸿鹄之凌云也，必因羽翮之用；帝王之为国也，必藉匡辅之资。故求之斯劳，任之斯逸。照车十二，黄金累千，岂如多士之隆，一贤之重。此乃求贤之贵也。（《帝范》）

译文：

船只要想在海上航行，必须借助船桨的功用；大雁要想高飞于天上，必须靠翅膀的功用；帝王要想治理国家，就必须有臣子作为辅助。所以要在搜寻人才上下功夫，一旦任用了能干的人，就可以一劳永逸。即便是拥有前后能够各照亮十二辆车子的宝珠，即便是成千上万的黄金，也不如多拥有一些人才好，也不如得一贤士贵重。这就是贵在求贤的道理。

解读：

再能干的领导，如果没有人才也做不了事。因此在找寻人才方面，要不惜血本，因为有了大量的人才，做成事是早晚的事。

案例：

刘备三顾茅庐，诸葛亮鞠躬尽瘁

东汉末，黄巾事起，天下大乱。曹操坐据朝廷，孙权拥兵东吴，汉宗室豫州牧刘备听徐庶和司马徽说诸葛亮很有学识，又有才能，就和关羽、张飞带着礼物到南阳去请诸葛亮出山辅佐他。恰巧诸葛亮这天出去了，刘备只得失望地回去。不久，刘备又和关羽、张飞冒着大风雪第二次去请。不料诸葛亮又出外闲游去了。张飞本不愿意再来，见诸葛亮不在家，就催着要回去。刘备只好留下一封信，表达自己对诸葛亮的敬佩和请他出来帮助自己挽救国家危险局面的意思。过了一段时间，刘备吃了三天素之后，准备再去请诸葛亮。关羽说诸葛亮也许是徒有虚名，未必有真才实学，不用去了。张飞却主张由他一个人去叫，如他不来，就用绳子把他捆来。刘备把张飞责骂了一顿，又和他俩第三次请诸葛亮。当他们到诸葛亮家前，已经是中午，诸葛亮正在睡觉。刘备不敢惊动他，一直在廊下站到诸葛亮醒来，才彼此坐下谈话。

诸葛亮见到刘备有志替国家做事，而且诚恳地请他帮助，就出来全力帮助刘备建立蜀汉王朝。《三国演义》把刘备三次亲自请诸葛亮的这件事情，叫作“三顾茅庐”。诸葛亮在著名的《出师表》中，也有“先帝不以臣卑鄙，猥自枉屈，三顾臣于草庐之中”之句。于是后世人见有人为请他所敬仰的人出来帮助自己做事，而一连几次亲自到那人的家里去的时候，就引用这句话来形容请人的渴望和诚恳的心情。也就是不耻下问、虚心求才的意思。建安十二年（207 年），诸葛亮二十七岁时，刘备“三顾茅庐”于南阳郡邓县，会见诸葛亮，问以统一天下大计，诸葛亮精辟地分析了当时的形势，提出了首先夺取荆、益作为根据地，对内改革政治，对外联合孙权，南抚夷越，西和诸戎，等待时机，两路出兵北伐，从而统一全国的战略思想的宏伟蓝图。

自此，诸葛亮忠心耿耿，辅佐刘备建立蜀汉，并在刘备去世后数次力挽狂澜，高举“匡扶汉室”的大旗，放弃本来可以荣登大宝的机会，继续辅佐刘禅，并在弥留之时举荐姜维、叮嘱“我死，魏延必反”，提醒蜀汉上下早做准备。——这一切的发生，诸葛亮个人的才智固然重要，其中，起到关键作用的，还是刘备放下架子、“三顾茅庐”的知遇之恩。如果没有三顾茅庐，蜀汉就不可能有诸葛亮的尽心辅佐，刘备即使再贤德，手下也是只有武将，终缺治国高手，蜀汉是不可能在先天弱势的情况下一步步与曹魏、孙吴取得三足鼎立之势的。

由此可见，在一个团队当中，即使领导再有能力，威望再大，也离不开各路人才的相帮，因此，在带领团队向前的时候，一定要求贤若渴，在求才的时候一定要下大力气、花大本钱，态度一定要谦虚谨慎。只要有各种类型的贤才不断加盟，不断为团队注入新鲜活力，团队就一定能够蒸蒸日上。

原文：

桓公解管仲之束缚而相之。管仲曰："臣有宠矣，然而臣卑。"公曰："使子立高、国之上。"管仲曰："臣贵矣，然而臣贫。"公曰："使子有三归之家。"管仲曰："臣富矣，然而臣疏。"于是立以为仲父。霄略曰："管仲以贱为不可以治国，故请高、国之上；以贫为不可以治富，故请三归；以疏为不可以治亲，故处仲父。管仲非贪。以便治也。"（《韩非子》）

译文：

齐桓公解了管仲的捆绑而任他为相。管仲说："我已经得宠了，但我地位低下。"桓公说："把你的地位提到高、国两大贵族之上。"管仲说："我地位尊贵了，但我还贫穷。"桓公说："让你享有俸禄丰厚的家业。"管仲说："我富裕了，但我和您的关系还疏远。"于是桓公把他立为仲父。霄略说："管仲认为地位低下的人不能治理地位尊贵的人，所以要求位在高、国两大贵族之上；认为贫穷的人不能治理富裕的人，所以请求有俸禄丰厚的家业；认为和君主关系疏远的人不能治理和君主关系亲密的人，所以得到了仲父的称号。管仲并非贪心不足，而是为了便于治理。"

解读：

求了贤才，对于贤才的要求就要尽量满足。不能贤才求到了，却不给丰厚的待遇和高贵的职位，这样只会让贤才不作为，或想有作为而不得，最后的结果只能是贤才远离君主而去。

案例：

姜子牙与周文王：出身低微的丞相

姜尚出身低微，前半生可以说是漂泊不定、困顿不堪，但是他却满腹经纶、壮志凌云，深信自己能干一番事业。听说西伯姬昌尊贤纳士、广施仁政，年逾七旬的他便千里迢迢投奔西岐。但是来到西岐后，他不是迫不及待地前去毛遂自荐，而是来到渭水北岸的磻溪（今陕西宝鸡市陈仓区磻溪镇）住了下来。此后，他每日垂钓于渭水之上，等待圣明君主的到来。

姜尚的钓法奇特，短竿长线，线系竹钩，不用诱饵之食，钓竿也不垂到水里，离水面有三尺高，并且一边钓鱼一边自言自语，“姜尚钓鱼，愿者上钩”。一个叫武吉的樵夫，看到姜子牙不挂鱼饵的直鱼钩，嘲讽道：“像你这样钓鱼，别说三年，就是一百年，也钓不到一条鱼。”姜尚说：“你只知其一，不知其二。曲中取鱼不是大丈夫所为，我宁愿在直中取，而不向曲中求。我的鱼钩不是为了钓鱼，而是要钓王与侯。”

后来，他果然钓到了周文王姬昌。姬昌兴周伐纣迫切需要人才，得知年已古稀的姜尚很有才干，他斋食三日，沐浴整衣，抬着聘礼，亲自前往磻溪聘请，并封姜尚为相。姜尚辅佐文王，兴邦立国，帮助姬昌之子周武王姬发，灭掉了商朝。自己也被武王封于齐地，实现了建功立业的愿望。姜子牙钓出的可谓是一条“王侯大鱼”。

周文王求贤若渴，不在意人才的出身，能够给有真才实学而出身低微的姜子牙丞相的高位，于是能够建立霸业。渴求贤才，是每一位想要有所成就的帝王都会做的，但有人求来贤才之后，出于各种顾虑，不肯给贤才相应的地位，所以功败垂成。

现代社会中，团队的领导也一样：求贤若渴之后，一定要给予贤才相应的地位和薪资，不然就避免不了人才的跳槽和团队的逐渐衰退。

原文：

房玄龄，齐州临淄人也。初仕隋，为隰城尉。坐事，除名徙上郡。太宗徇地渭北，玄龄杖策谒于军门。太宗一见，便如旧识，署渭北道行军记室参军。玄龄既遇知己，遂罄竭心力。是时，贼寇每平，众人竞求金宝，玄龄独先收人物，致之幕府，及有谋臣猛将，与之潜相申结，各致死力。(《贞观政要》)

译文：

房玄龄，山东临淄人。在隋朝为官时担任隰城的县尉。后来因为一件事情被革去官职，派遣到上郡为官。一次，唐太宗到陕西巡游，房玄龄听说后就到军营门口拜会。唐太宗对他一见如故，任命他为渭北道行军记室参军。房玄龄蒙受知遇之恩，决心涌泉相报。当时，每次打了胜仗，大家都忙着各处搜集财宝，只有房玄龄首先收拢人才，将富有谋略和骁勇善战的人安置在他的幕府中，私下与他们结为朋友，共同为李世民效力。

解读：

任用贤才，要选用能选贤之人，以能使更多的人才归于自己使用。这样就不是选用一个贤人，而是选用了一大帮贤人为自己所用。

案例：

求贤若渴，曹操的“求贤令”

在东汉末年，曹操为求贤才，发布了这样一则“求贤令”：“自古受命及中兴之君，曷尝不得贤人君子与之共治天下者乎？及其得贤也，曾不出闾巷，岂幸相遇哉？上之人求取之耳。今天下尚未定，此特求贤之急时也。‘孟公绰为赵、魏老则优，不可以为滕、薛大夫。’若必廉士而后可用，则齐桓其何以霸世！今天下得无有被褐怀玉而钓于渭滨者乎？又得无有盗嫂受金而未遇无知者乎？二三子其佐我明扬仄陋，唯才是举，吾得而用之。”

翻译以后，求贤令就是这样的:“自古以来开国和中兴的君主，哪有不是得到有才能的人和他共同治理国家的呢？当他们得到人才的时候，往往不出里巷，这难道是偶尔侥幸碰到的吗？不！只是执政的人去认真访求罢了！当今天下还未平定，这是特别要访求人才的最迫切的时刻。‘孟公绰做赵、魏两家的家臣才力有余，却不能胜任像滕、薛那样小国的大夫。’如果一定要所谓廉士方可使用，那么齐桓公怎能称霸当世！现在天下难道没有身穿粗衣而怀揣真才干像姜子牙那样在渭水边钓鱼的人吗？又难道没有像陈平那样蒙受‘盗嫂受金’污名还未遇到魏无知的人吗？你们要帮助我发现那些地位低下而被埋没的人才，只要有才能就推荐出来，让我们能够任用他们。”

曹操为求贤才，广发求贤令，一时间贤才纷纷拥入曹魏麾下，甚至连关羽也不例外。

在现代社会，作为团队的领导也是同理，想要带领团队求得更好的发展，必须求贤若渴，并且是各个类型的人才都要纳入自己的团队当中，这样，团队中的人才结构才可能合理有序，也只有这样，团队才有可能健康发展。

原文：

杜如晦，京兆万年人也。武德初，为秦王府兵曹参军，俄迁陕州总管府长史。时府中多英俊，被外迁者众，太宗患之。记室房玄龄曰："府僚去者虽多，盖不足惜。杜如晦聪明识达，王佐才也。若大王守藩端拱，无所用之；必欲经营四方，非此人莫可。"太宗自此弥加礼重，寄以心腹，遂奏为府属，常参谋帷幄。时军国多事，剖断如流，深为时辈所服。（《贞观政要》）

译文：

杜如晦，祖籍陕西万年。武德初年，担任秦王府兵曹参军，不久就被提升为陕州总管长史。当时秦王府中人才济济，外迁的人也非常多，对此，李世民表示忧虑。记室房玄龄说："王府中的幕僚离开得多，这并不值得惋惜。可是杜如晦非常能干，有见识，是辅佐帝王的良才。如果您只做一个守住领地的藩王，那么用不着他，可是如果您要统领四海，那么非此人不可。"太宗从此便对杜如晦以礼相待，视为心腹，经常让他参与重大事项。当时，权力之争激烈，战事很多，每次杜如晦都能为太宗出谋划策，提出良好的建议，令人十分佩服。

解读：

要根据自己的目标来使用贤人，唐太宗用杜如晦就是想让他辅佐自己将来成为皇帝，而杜如晦也正拥有如此才干。

案例：

刘邦巧用张良，成就霸业

在汉初三杰中唯有张良可以算得上仁、智、勇三者皆备的完人了。张良的智在刘邦说的“运筹帷幄之中，决胜千里之外，吾不如张良”这句话里可以得到最好的诠释；张良的勇从他敢于和志同道合的力士一同参与刺杀由大批卫队护卫的秦始皇的行动中即可看出，也用不着多说；而张良的仁是值得大书一笔的：孟子认为理想的完人的气质应该是“富贵不能淫，贫贱不能移，威武不能屈”。张良完全做到了这一点。张良在汉朝建立后的封赏会上的表现使包括刘邦在内的所有人都感到吃惊：他谢绝了刘邦对他的封赏（包括属地随便挑选的特权），在刘邦的一再劝说下，他只挑了一个没人要的偏远贫穷的小县城留县。张良说：“陛下实在要封赏我，就把我和陛下相识的地方留县封给我做个纪念吧，我哪里当得起万户侯。我昔日刺杀秦始皇，天下震动；现在以三寸舌为帝者师，得到封万户的荣誉，这对我这个平民百姓来说太过分了，我真心地愿意放弃人间的富贵，过老百姓的日子。”而且张良说到做到，不但不做万户侯，连这个小小的留县也找了个机会放弃了。司马迁在《史记》对张良赞誉有加：“运筹帷幄之中，制胜于无形；子房计谋其事，无知名，无勇功，图难于易，为大于细。”

刘邦十分了解张良，知道他是个能够辅佐自己成就帝业的人，所以对他积极任用，张良则没有辜负刘邦的信任，辅佐刘邦完成了使命。

在现代社会的团队当中，对人才的渴求是必要的，也是一位优秀的团队领导必备的素养，但是，能够根据团队自己的目标，并结合人才的才能与特点来任用，真正地做到“好钢用在刀刃上”，就不是那么容易的了。

原文：

太宗后尝谓侍臣曰："夫以铜为镜，可以正衣冠；以古为镜，可以知兴替；以人为镜，可以明得失。朕常保此三镜，以防己过。今魏徵殂逝，遂亡一镜矣！"因泣下久之。乃诏曰："昔惟魏徵，每显予过。自其逝也，虽过莫彰。朕岂独有非于往时，而皆是于兹日？故亦庶僚苟顺，难触龙鳞者欤！所以虚己外求，披迷内省。言而不用，朕所甘心；用而不言，谁之责也？自斯已后，各悉乃诚。若有是非，直言无隐。"（《贞观政要》）

译文：

太宗后来常对身边的大臣们说："用铜做镜子，可以端正衣冠；用历史做镜子，可以知道历代兴衰更替；用人做镜子，可以明白自己的得失。我常常保有这三面镜子，用来防止自己犯过错。如今魏徵去世，就失掉一面镜子了！"因而哭了很久。于是下诏说："过去只有魏徵，经常指责我的过错。自从他去世后，我虽有过错也没有人敢公开指出。难道我只在过去有错误，而今天全是正确的吗？恐怕还是百官苟且顺从，不敢来触犯龙鳞吧！所以我再次虚心征求意见，以便清醒头脑进行反省，你们直言劝谏了而我不采用，我愿承担责任。我需要采纳忠言而大家又不说，这个责任谁来承担？从今以后，大家都得竭尽忠诚，我如有对或不对的言行，你们要直言劝谏不要保留隐瞒。"

解读：

所谓的贤才就是在活着时能为自己所用，在死后也能作为一个榜样为大臣们树立标杆，而魏徵就是唐太宗的标杆，以此而警诫大臣。

案例：

周公旦：千古名臣，死而后已

周公的一生十分传奇，经历三朝，建立礼制，为防止动乱先称王，最后，在自己称王后的第七年，周公把王位彻底交给了成王，并一直以平民的身份提出各种建议，最有名的就是《尚书·无逸》：他在文中告诫成王要体察民间疾苦，只有深入民间才能够真正懂得人民的疾苦。周公所说的深入底层，关心民间疾苦，以“无逸”自警或用来教育后代是对的，但是“逸”与不“逸”往往受阶级条件和生活环境所左右，存在决定意识，在没有外界强大压力的情况下，王室成员“生则逸”是必然的，由“逸”而失国也是必然的。

周公治政三年之后，在丰京养老，不久得了重病，死前说：“我死之后一定葬在成周，示意给天要臣服于成王。”死后葬于文王墓地毕，成王说：“这表示我不敢以周公为臣。”

周公旦是西周时期著名的政治家、军事家，其在东征过程中实施的团结内部、各个歼敌、军事攻势与政治争取并举的谋略，及先弱后强的作战指导，均丰富和发展了我国古代军事思想，对后世有着深远的影响。关于周公的成语，到今天就有“惩前毖后”“恐惧流言”等，后代人对名臣贤相的夸奖，也多以“周公”作为溢美之词，“周公”已然成为后代所有文臣和帝王心中的人臣标杆，如能获得大众真心实意的“周公”尊称，那么这位获得称号的人，可以说真的是十分贤能的了，如开国总理周恩来，就有“周公”之别称。

在现代管理学中，离职已经不算“不忠”的表现，但一名团队的领导者，要善于发现团队成员的优点，甚至要不吝啬对已经离职的团队成员的夸奖，为现在的团队成员树立标杆，既能激励新加入的团队成员，也能对还依旧服务于团队的成员们显示自己的念旧和人情味，这也是一门高超的管理艺术。

原文:

太宗谓珪曰:“卿识鉴精通，尤善谈论，自玄龄等，咸宜品藻。又可自量孰与诸子贤。”对曰:“孜孜奉国，知无不为，臣不如玄龄。每以谏诤为心，耻君不及尧、舜，臣不如魏徵。才兼文武，出将入相，臣不如李靖。敷奏详明，出纳惟允，臣不如温彦博。处繁理剧，众务必举，臣不如戴胄。至于激浊扬清，嫉恶好善，臣于数子，亦有一日之长。”太宗深然其言，群公亦各以为尽己所怀，谓之确论。(《贞观政要》)

译文:

太宗问王珪:“你识别能力很强，尤其擅长谈论和评价别人。从玄龄开始，你一个个给我评价一下，也可以估量一下你们中间谁最贤德能干。”王珪回答说:“为国兢兢业业，干事果断精明，我比不上玄龄。以纠正偏颇为任，犯颜直谏，为皇上无法与尧舜的圣明比肩而感到羞耻，我比不上魏徵。文武全才，既能带兵又能治国，文韬武略俱佳，我比不上李靖。奏章严密清楚，言行有理有据，规规矩矩，没有疏失，我比不上温彦博。处理纷繁复杂的事务，有条有理，万无一失，我比不上戴胄。可是对于弘扬正气、惩恶扬善、疾恶如仇，我比起各位，也有我自己的独到之处！”太宗认为他说得很对，在座的诸位大臣也各抒己见，都认为他评价得恰如其分，十分准确。

解读:

贤才能够认清自己，并能认清别人，在对比中找到自己的位置，并在这个位置上发挥最大的作用。

案例：

能够找准自己位置的代善贝勒

天命元年（1616 年），努尔哈赤在赫图阿喇登基为汗时，就设了四个贝勒，即大贝勒代善、二贝勒阿敏、三贝勒莽古尔泰、四贝勒皇太极。努尔哈赤逝世后，皇太极登基，但并非大权独揽，四大贝勒格局依旧存在，直至清朝皇帝开始专权之前，这一历史史称“四大贝勒”时期。

皇太极被拥戴为汗后，因战事不断和分权不便等原因，开始逐渐收紧其他贝勒的权限，二贝勒阿敏、三贝勒莽古尔泰大权骤失，开始不安分起来，只有大贝勒代善，最为圆滑，也最为忠心耿耿，最终也高官厚禄，得到善终。此外代善在顺治时曾大义灭亲杀死鼓动多尔衮自立为帝的子孙硕托与阿达礼，对清廷确是一片忠心。在努尔哈赤诸子中，代善一系还是最显赫的一支。在他的八个儿子中，三人被封为亲王，二人被封为郡王，一人被封为贝子，一人被封为辅国公。在清朝世袭罔替的八大“铁帽子王”中，代善祖孙三代就占了三个，即代善首封的礼亲王爵，其子岳托首封的克勤郡王爵，其孙勒克德浑首封的顺承郡王爵。

代善在世时多次表达过，自己并不是将帅之才，因此也不会有君临天下的野心，并且他十分清楚自己的兄弟们的性格，尽力辅佐皇太极，并牵制二贝勒阿敏、三贝勒莽古尔泰，极力劝诫皇太极实行仁政，甘以臣子自居。

天聪五年（1631 年）八月，代善与子岳托率正红、镶红二旗兵丁，参加了皇太极发动的进攻大凌河之战，父子分领本旗兵攻城之西面。后金军围城历时三月，击败总兵吴襄等来援明兵四万，生擒监军张春，迫使粮尽援断的大凌河总兵祖大寿开城投降。当时被擒各明朝官员都跪拜在地上，唯独张春不跪。皇太极大怒，拉弓想要射死张春，代善劝谏说：“这个战俘想以死成名，何必杀死他成全他？”于是，皇太极对张春置之不理。

天聪六年（1632 年）年初，代善主动要求放弃自己与皇太极平起平坐的特权。在他的坚持下，皇太极最终同意将代善和莽古尔泰的座位低于自己，分别坐在他的左右。

在现代的团队当中，每个人都发挥着独特的作用，能够认清自己在团队中所在的位置，并且在自己的位置上做出应有的贡献，整个团队才会健康发展。

原文：

太宗手敕魏王泰曰："虞世南于我，犹一体也。拾遗补阙，无日暂忘，实当代名臣，人伦准的。吾有小善，必将顺而成之；吾有小失，必犯颜而谏之。今其云亡，石渠、东观之中，无复人矣，痛惜岂可言耶！"未几，太宗为一篇，追思往古理乱之道，既而叹曰："钟子期死，伯牙不复鼓琴。朕之此篇，将何所示？"因令起居褚遂良诣其灵帐读讫焚之，其悲悼也若此。又令与房玄龄、长孙无忌、杜如晦、李靖等二十四人，图形于凌烟阁。(《贞观政要》)

译文：

唐太宗在写给魏王李泰的信中说道："虞世南对于我，就像我身体的一部分。他提醒和纠正我的遗漏和过失，一刻都不曾忘记。他实在是当代名臣、人伦道德的榜样啊。过去，我有一点成绩，他必定加以肯定，我有一点小过失，他必定冒着触犯我的危险毫无保留地指出来。现在他去世了，国中再无这样的人了，这怎不让我痛惜。"不久，唐太宗作了一首诗，凭借古人的事迹来发表感慨："钟子期去世之后，伯牙失去知音，再也没有弹过琴。我这首诗，又写给谁看呢？"于是唐太宗让褚遂良把诗拿到虞世南灵帐外诵读并焚烧，可见他哀痛之深切。然后，太宗又下令将虞世南和房玄龄、长孙无忌、杜如晦、李靖等二十四位功臣的图像，画在凌烟阁内，作为永久的纪念。

解读：

贤才还是一个了解君主的人，他知道什么时候做什么事情，并且不因君主不如意就不做。

案例：

审时度势张居正

隆庆元年（1567 年）任吏部左侍郎兼东阁大学士。后迁任内阁次辅，为吏部尚书、建极殿大学士。隆庆六年（1572 年），万历皇帝登基后，张居正代高拱为首辅。当时明神宗年幼，一切军政大事均由张居正主持裁决。

张居正在任内阁首辅十年中，实行了一系列改革措施。财政上：清丈田地，推行“一条鞭法”，总括赋、役，皆以银缴，“太仓粟可支十年，周寺积金，至四百余万”。军事上：用戚继光、李成梁等名将镇北边，用凌云翼、殷正茂等平定西南叛乱。吏治上：综核名实，采取“考成法”考核各级官吏，“虽万里外，朝下而夕奉行”，政体为之肃然。

为了政治改革能够顺利实施，他甚至不能回家为父亲守丧。

张居正为国事夜以继日地操劳，万历五年（1577 年），多年未见的老父文明去世，按照祖制，朝廷官员的父母过世，必须回到祖籍守制二十七个月，期满起复为官。张居正的改革才刚刚开始，此时离开必使改革功亏一篑，他做出了唯一的选择：夺情。

明朝的士大夫忠君尽孝的观念根深蒂固，未能尽孝何来忠君。武宗朝的大学士杨廷和也是一代名辅，收到父亲的讣告即回家守制。如此一来，人情汹汹，无论是御史还是六部官员都上书要居正守制，给居正带来了不小的麻烦。此时神宗还不能亲政，国家大政均需居正裁决，不想让居正回家守孝。最终由神宗诏谕群臣，再言及张居正夺情者，诛无赦，非议才消止

万历十年（1582 年）六月二十日张居正卒，年五十八，赠上柱国，谥文忠（后均被褫夺），张居正也是明代唯一生前就被授予太傅、太师的大臣。

张居正内任阁首辅期间，政治环境并不太平，但是他依旧没有退缩，审时度势，在政治、经济、军事等诸多方面推进改革，并不因为主上不如意就停止。

在团队中也一样，在协作的过程中，团队领导不可能事事周到，所以需要团队成员们也审时度势，在适合的时候做该做的事情，不能因为领导不在就不做，或者偷工减料，好的团队运作应当是常态化的。

原文：

马周，博州茌平人也。贞观五年，至京师，舍于中郎将常何之家。时太宗令百官上书言得失，周为何陈便宜二十余事，令奏之，事皆合旨。太宗怪其能，问何，何对曰："此非臣所发意，乃臣家客马周也。"太宗即日召之，未至间，凡四度遣使催促。及谒见，与语甚悦。令直门下省，授监察御史，累除中书舍人。（《贞观政要》）

译文：

马周，博州茌平人。贞观五年，他到京师长安，住在中郎将常何家里。当时唐太宗要百官上书讲政事得失，马周替常何陈述了有利于国家百姓的二十多件事情，让常何上奏朝廷，事事都很合太宗心意。太宗奇怪常何会有这样的才能，便问常何，常何回答说："这些并不是我想出来的，而是我家里的一位叫马周的宾客代我写的。"太宗当天就要召见马周，马周还没有赶到，便派使者催促了四次。到谒见时，太宗同他谈得很高兴，便把他安置在门下省，授予监察御史的官职，后来升迁到中书舍人。

解读：

君主要有求贤若渴之心，不断从各处发现人才，马周就是被唐太宗从常何的上书作假中发现的，后来果然成为唐太宗晚年的股肱之臣。

案例：

康熙皇帝启用姚启圣

康熙在启用姚启圣收复台湾之前从未听说过他，是从一个即将离世的大臣那里知道了还有这么一号人物，于是尽力查访，终于查访到，姚启圣是一个普通的养马官。康熙查明缘由之后，打算用他，但是为了打击姚启圣的狂气，将他投进大牢，令大阿哥胤禔前往福建前线，担任副将。姚启圣在牢内，康熙不准任何人跟他说话，把姚启圣憋得要命。胤禔来到福建前线，急于建立军功，率军出征，起初把施琅打败。康熙收到捷报，大喜封赏，并准备把姚启圣逐出牢房回去养马。但是又十分爱惜他的才能，一时间进退两难，就只好暂时让他随驾。在随驾期间，姚启圣并不安分，偷了康熙的书看，被皇帝发现。但是康熙并没有责怪他，反而把他偷的书都赐给了他，姚启圣心动了。胤禔过于心急，先胜后败，康熙大怒，立即起用了姚启圣，并开玩笑说，如果不胜，就要他留在宫里继续养马算了。

姚启圣果然没有辜负康熙重托，用时两年多，终于收复台湾。

现代社会，是一个人才爆炸的社会，这就导致了团队领导在挑选人才时的一些困境，不得不多重考量，甚至犹豫不决很久，但是，请各位牢记一点：任人唯贤是最重要的条件。只要有才华，其他的可以暂缓考虑，只有这样，才有可能打开视野，找到一些极有可能漏掉的贤才。这样的人才，不遇则已，一旦遇到，就是一个团队的幸运，他也必将因为你的破格任用而更加努力工作作为回报。

原文：

明主立可为之赏，设可避之罚。故贤者劝赏而不见子胥之祸，不肖者少罪而不见伛剖背，盲者处平而不遇深谷，愚者守静而不陷险危。如此，则上下之恩结矣。(《韩非子》)

译文：

明君设立可以得到的赏赐，设立可以避免的刑罚。所以贤者奋力立功得赏而没有伍子胥那样的灾祸，不贤者少犯罪而不会遭到驼背被剖那样的冤枉刑罚，盲人处在平地而不会遇到深渊，蠢人过着安静的生活而不会陷入险境。这样的话，君臣之间的恩情就结下了。

解读：

对于贤才任用后，切不可用不可能实现的目标委以重任，或者设立严酷的刑罚，这些对聚拢贤才都是有害的。

案例：

秦皇纳谏《谏逐客书》：聚才得法王道方成

正当秦王下决心统一六国的时候，韩国怕被秦国灭掉，派水工郑国到秦鼓动修建水渠，目的是想削弱秦国的人力和物力，牵制秦的东进。后来，郑国修渠的目的暴露了。这时，东方各国也纷纷派间谍来到秦国做宾客，群臣对外来的客卿议论很大，对秦王说："各国来秦国的人，大抵是为了他们自己国家的利益来秦国做破坏工作的，请大王下令驱逐一切来客。"秦王下了逐客令，李斯也在被逐之列。

李斯给秦王写了一封信，劝秦王不要逐客，这就是有名的《谏逐客书》。他说："我听说群臣议论逐客，这是错误的。从前秦穆公求贤人，从西方的戎请来由余，从东方的楚国请来百里奚，从宋国迎来蹇叔，任用从晋国来的丕豹、公孙支。秦穆公任用了这五个人，兼并了二十国，称霸西戎。秦孝公重用商鞅，实行新法，移风易俗，国家富强，打败楚、魏，扩地千里，秦国强大起来。秦惠王用张仪的计谋，拆散了六国的合纵抗秦，迫使各国服从秦国。秦昭王得到范雎，削弱贵戚力量，加强了王权，蚕食诸侯，秦成帝业。这四代王都是由于任用客卿，对秦国才做出了贡献。如果这四位君王也下令逐客，只会使国家没有富利之实，秦国也没有强大之名。

秦王明辨是非，果断地采纳了李斯的建议，立即取消了逐客令，李斯仍然受到重用，被封为廷尉。

秦王采纳了李斯的建议，没有用严厉的手段驱逐客卿，这一举措极大地安抚了已经聚拢到秦国的各国贤才的心，甚至在一定程度上避免了再次动乱，是十分明智的举动。

在一个团队中，要想吸引到人才之后，要人才长期在你的团队当中服务下去，就要学会适时使用"怀柔政策"，对人才要合理利用，并且不能惩罚得过于严厉，否则一旦关键岗位的人才离去，造成的后果不堪设想。

原文：

闻之曰："举事无患者，尧不得也。"而世未尝无事也。君人者不轻爵禄，不易富贵，不可与救危国。故明主厉廉耻，招仁义。昔者介子推无爵禄而义随文公，不忍口腹而仁割其肌，故人主结其德，书图著其名。人主乐乎使人以公尽力，而苦乎以私夺威；人臣安乎以能受职，而苦乎以一负二。故明主除人臣之所苦，而立人主之所乐。上下之利，莫长于此。不察私门之内，轻虑重事，厚诛薄罪，久怨细过，长侮偷快，数以德追祸，是断手而续以玉也，故世有易身之患。（《韩非子》）

译文：

听别人说："办事不出差错，就是尧也做不到。"而社会从没有平安无事的时候，做君主的不肯放手赏给臣下爵禄和富贵，就不能解救危亡的国家。所以明君鼓励廉耻之心，提倡仁义之举。过去介子推没有爵禄，凭着"义"追随晋文公出亡；途中饥饿难忍，又凭着"仁"割下身上的肉给晋文公吃，所以君主铭记他的德行，书上著录他的名字。君主乐于使臣下为公尽力，而苦于他们为私夺权；臣子安于量才录用，而苦于身兼二职。所以明君除去君臣苦恼的事，设立君臣快乐的事。君臣的利益，没有比这更深远的了。不考察大臣私下的活动，轻率地考虑重大的事情，过重地处罚犯轻罪的人，长期怨恨臣下的小错，经常侮弄臣下来取得一时的愉快，频繁地用恩惠来补偿给人造成的灾难，这就像砍断手臂而接上玉一样，所以天下有君位被篡的祸患。

解读：

君主要创造良好的政治环境，这样贤才才能充分发挥其才能，要懂得放手赏给臣下爵禄和富贵，鼓励廉耻之心，提倡仁义之举。

案例：

邹忌进谏齐王：环境宽松，言路大开

邹忌身高八尺多，体形容貌美丽。有一天早上，他穿好衣服，戴上帽子，照着镜子，对他的妻子说："我跟城北的徐公谁漂亮？"他的妻子说："您漂亮极了，徐公哪里比得上你呀！"原来城北的徐公，是齐国的美男子。邹忌自己信不过，就又问他的妾说："我跟徐公谁漂亮？"妾说："徐公哪里比得上您呢！"

第二天，有位客人从外边来，邹忌跟他坐着聊天，问他道："我和徐公谁漂亮？"客人说："徐公不如你漂亮啊。"

又过了一天，徐公来了，邹忌仔细地看他，自己认为不如他漂亮；再照着镜子看自己，更觉得相差太远。晚上躺在床上反复考虑这件事，终于明白了："我的妻子赞美我，是因为偏爱我；妾赞美我，是因为害怕我；客人赞美我，是想要向我求点什么。"

于是，邹忌上朝去见齐威王，说："我确实知道我不如徐公漂亮。可是，我的妻子偏爱我，我的妾怕我，我的客人有事想求我，都说我比徐公漂亮。

"如今齐国的国土方圆一千多里，城池有一百二十座，王后、王妃和左右的侍从没有不偏爱大王的，朝廷上的臣子没有不害怕大王的，全国的人没有不想求得大王的恩遇的：由此看来，您受的蒙蔽一定非常厉害。"

威王说："好！"于是就下了一道命令："各级大小官员和老百姓能够当面指责我的过错的，得头等奖赏；书面规劝我的，得二等奖赏；能够在公共场所评论（我的过错）让我听到的，得三等奖赏。"

命令刚下达，许多大臣都来进言规劝，宫门口和院子里像个闹市；几个月后，偶尔才有人进言规劝；一年以后，有人即使想规劝，也没有什么说的了。

燕国、赵国、韩国、魏国、听说了这件事，都到齐国来朝拜。这就是人们说的“在朝堂上征服了别国”。

邹忌敢于把类似于闺房话的话拿到殿堂上来说，而不必顾忌会遭到威王斥责，可见齐威王当朝时期，言路的环境是十分宽松的，而邹忌进谏之后，得到了丰厚的封赏，也是齐威王鼓励进谏的一个重要表现，所以才会出现几国因为此事竞相前来朝拜的事情。

在当今的团队合作当中，常常有下属有意见和建议也不敢言明，久而久之，甚至开始多有抱怨之词，这就可能是团队领导们在平时不注意创造宽松的建议环境的原因了：不但不惩罚提出建议的人，还要看他的建议是否可行，可行的，要执行，并且奖励提出建议的下属，只有这样，下属们才敢说话，不会畏缩，团队也才能够健康发展。

忠信卷

第三

原文：

君臣之政，其犹天地之象，天地之象明，则君臣之道具矣。君以施下为仁，臣以事上为义。两心不可以事君，疑政不可以授臣。上下好礼，则民易使；上下和顺，则君臣之道具矣。(《便宜十六策》)

译文：

君之于臣，犹如天之于地，能厘清彼此的关系，则君臣之道就能彰显出来了。人君须施仁政，而臣子须尽心侍奉主上，而违背正道的政策，人君不应交付臣子去实施，陷之于不义，臣子事君亦不可有二心。上下皆守礼，则百姓也易于统治，上下和顺，则君臣之道已具备。

解读：

君臣之间的忠信是相对的，如果君主不行仁政，那臣子就可以有二心。但是人君施行仁政时，臣子必须用忠信去侍奉君主。

案例：

周朝的溃败：君不仁，则臣可以不义

周幽王、周厉王丧失君德，周朝的气数每况愈下。礼纪朝纲土崩瓦解；下欺凌、上衰败；诸侯国君恣意征讨他人；士大夫擅自干预朝政；礼教从总体上已经有十之七八沦丧了。然而周文王、周武王开创的政权还能绵绵不断地延续下来，就是因为周王朝的子孙后裔尚能守定名位。为什么这样说呢？当年晋文公为周朝建立了大功，于是向周襄王请求允许他死后享用王室的隧葬礼制，周襄王没有准许，说：“周王制度明显。没有改朝换代而有两个天子，这也是作为叔父辈的晋文公您所反对的。不然的话，叔父您有地，愿意隧葬，又何必请示我呢？”晋文公于是感到畏惧而没有敢违反礼制。因此，周王室的地盘并不比曹国、滕国大，管辖的臣民也不比邾国、莒国多，然而经过几百年，仍然是天下的宗主，即使是晋、楚、齐、秦那样的强国也还不敢凌驾于其上，这是为什么呢？只是由于周王还保有天子的名分。再看看鲁国的大夫季氏、齐国的田常、楚国的白公胜、晋国的智伯，他们的势力都大得足以驱逐国君而自立，然而他们到底不敢这样做，难道是他们力量不足或是于心不忍吗？只不过是害怕奸夺名位僭犯身份而招致天下的讨伐罢了。现在晋国的三家大夫欺凌蔑视国君，瓜分了晋国，作为天子的周王不能派兵征讨，反而对他们加封赐爵，让他们列位于诸侯国君之中，这样做就使周王朝仅有的一点名分不能再守定而全部放弃了。周朝先王的礼教到此丧失干净。

周幽王、周厉王丧失君德，所以贤臣们纷纷投奔其他地方，反观周朝的其他君王，在位的时候，贤才和臣子们都因为君主德行尚存而心存些许敬畏，这就说明一个道理：君不仁，则臣可以不义——但是，绝对不能以“君不仁”作为自己的借口，来行不义之事。

在当代社会的团队协作当中，领导者们要时时刻刻扪心自问：我是一个行仁义之道、能够体察下属的好领导吗？——光问不行，还要实实在在地去做，只有这样，才能够使团队成员团结一心，否则，就不要责怪属下离职了。

原文：

君以礼使臣，臣以忠事君。君谋其政，臣谋其事。政者，正名也；事者，劝功也。君劝其政，臣劝其事，则功名之道俱立矣。是故，君南面向阳，著其声响；臣北面向阴，见其形景。声响者，教令也；形景者，功效也。教令得中则功立，功立则万物蒙其福。（《便宜十六策》）

译文：

君待臣以礼，而臣事君以忠，则君可专心为政，而臣子会为其效力。君王勤于政事，臣子勤于辅佐，则可成就霸业。君王向南施其政令，臣子向北尽人臣应尽的义务，彼此不逾越，且合作无间，那么国家就会强盛，福泽被及万事万物。

解读：

君应该以礼待臣，臣应该以忠侍君，双方应分清职责，不应相互逾越，这样国家才能更好，政事才能清明。

案例：

鳌拜与康熙：臣若不臣，君必诛杀之

清崇德二年（1637 年），鳌拜为先锋攻明皮岛，以勇闻。此后屡败明军，崇德九年（1644 年）清军入关，鳌拜率军定燕京，征湖广，驰骋疆场，冲锋陷阵，为清王朝统一中国立下汗马功劳。顺治三年（1646 年）鳌拜出征四川张献忠大西军，在南充大破大西军军营，斩张献忠于阵前，因此以首功被顺治皇帝超升为二等公，授议政大臣、领侍卫内在（皇帝禁卫军司令），擢领侍卫内大臣，累加少傅兼太子太傅，教习武进士。自此，鳌拜参议清廷大政。

顺治十八年（1661 年）顺治帝驾崩，爱新觉罗·玄烨八岁即位，顺治帝遗诏，由索尼、遏必隆、苏克萨哈、鳌拜四大臣辅政。当时鳌拜在四辅政大臣中地位最低，但因索尼年老多病，遏必隆生性庸懦，苏克萨哈因曾是摄政王多尔衮旧属，为其他辅政大臣所恶，因此鳌拜才得以擅权。

鳌拜结党营私，日益骄横，竟发展到不顾康熙的旨意，先后杀死户部尚书苏纳海、直隶总督朱昌祚、巡抚王登临与辅政大臣苏克萨哈等政敌，引起朝野惊恐，康熙震怒，最后康熙终设计由一群少年在宫内练习“布库”（摔跤，满族的一种角力游戏），鳌拜以为是小孩子的游戏，不以为意，康熙八年（1669 年）五月，这群少年将鳌拜擒获。康熙宣布鳌拜三十条罪状，廷议当斩，康熙念鳌拜历事三朝，效力有年，不忍加诛，仅命革职，籍没拘禁，其党羽或死或革。不久鳌拜死于禁所，其子纳穆福后获释。

鳌拜家族世受皇恩，功勋卓著，皇家对待鳌拜，自鳌拜父亲开始，到鳌拜的子孙，都可以说是恩赏有加，最初，鳌拜也是能够恪尽臣子之道、忠心耿耿辅佐皇帝安定天下的，可是到了后期，鳌拜手中权力越来越大，所以他就开始藐视年少的康熙皇帝，最终落得个被削爵幽禁的下场，实属咎由自取。

现代社会，尤其是在团队合作的职场当中，分工明确，领导和下属之间，不能随便逾越，大家和和气气，相安无事，齐心协力把一件事情做好，就可以了，切记领导不敢放权，疑心病重，而下属则时时刻刻盯着领导的错误不放。这样是不利于团队协作的，轻则不欢而散，重则伤害情谊，一旦发生，都将是不可挽回的。

原文：

盖闻古之忠臣事其君也，尽心焉，尽力焉。称才居位，称能受禄。不面誉以求亲，不愉悦以苟合。公家之利，知无不为。上足以尊主安国，下足以丰财阜人。内匡君之过，外扬君之美。不以邪损正，不为私害公。见善行之如不及，见贤举之如不逮。竭力尽劳而不望其报，程功积事而不求其赏。务有益于国，务有济于人。(《便宜十六策》)

译文：

听说古代忠臣侍奉君主，要尽心尽力，依据才能得职位，依据能力得到俸禄。不当面奉承君主得到亲近，不取悦于君主以求相合。对公家有利的事情，只要知道了就没有不去做的。对上足够尊奉君主，安定国家；对下可以使百姓资财丰富。对内可以匡正君主的过失，对外可以宣扬君主的美德。不以邪恶损害正气，不为私利损害公家。见到善行知道自己的不足，见到贤的举动知道自己做得不够。竭尽全力而不求回报，成功积累的事不求赏赐。务求有益于国家，务求可以对人有所帮助。

解读：

这里讲的是忠臣的一些标准，君主为政时，看到臣子有这些表现时，其就是忠义之臣，就可以让其担当重任。

案例：

商鞅与秦王：可叹可哀的名臣与名君

公叔痤死后，商鞅听说秦孝公在国内发布求贤令，便携带李悝的《法经》投奔秦国，通过秦孝公的宠臣景监见孝公。商鞅第一次用帝道游说秦孝公，孝公听后直打瞌睡并通过景监指责商鞅是个狂妄之徒，不可任用。五日后，商鞅再次会见秦孝公，用王道之术游说，孝公不能接受并再次通过景监责备商鞅。商鞅第三次会见秦孝公时用霸道之术游说，获得孝公的肯定但没有被采用，但商鞅此时已领会孝公心中的意图。最后商鞅见孝公时畅谈富国强兵之策，孝公听时十分入迷，膝盖不知不觉向商鞅挪动，二人畅谈数日毫无倦意。景监不得其解，向商鞅询问缘由。商鞅说秦孝公意在争霸天下，所以对耗时太长才能取得成效的帝道、王道学说不感兴趣。

公元前 359 年，秦孝公打算在秦国国内进行变法，又害怕国人议论纷纷，所以犹豫不决。秦孝公召开朝会命臣工商议此事。

随后，商鞅开始推行变法，对内采取刺激农业生产、鼓励商业、重塑社会价值观、提高农业的社会认知度、削弱贵族、官吏的特权，让国内贵族加入农业生产、实行统一的税租制度等举措，对外坚决抵御外敌入侵，进行了河西、固阳之战，坚决实行变法，变法成功后也并没有要求赏赐，秦国逐渐成为一方强国，只可惜被谗言逼反，兵败被杀。

虽然时过境迁，但是团队领导们也可以参照以下标准，如尊重领导者的权威、和下级关系和睦、有成绩不邀功……来判断一名属下在这个团队当中的忠诚度。

原文：

贞观二年，将葬故息隐王建成、海陵王元吉，尚书右丞魏徵与黄门侍郎王珪请预陪送。上表曰："臣等昔受命太上，委质东宫，出入龙楼，垂将一纪。前宫结衅宗社，得罪人神，臣等不能死亡，甘从夷戮，负其罪戾，置录周行，徒竭生涯，将何上报？陛下德光四海，道冠前王，陟冈有感，追怀棠棣，明社稷之大义，申骨肉之深恩，卜葬二王，远期有日。臣等永惟畴昔，忝曰旧臣，丧君有君，虽展事君之礼；宿草将列，未申送往之哀。瞻望九原，义深凡百，望于葬日，送至墓所。"太宗义而许之，于是宫府旧僚吏，尽令送葬。(《贞观政要》)

译文：

贞观二年，唐太宗将要埋葬息隐王建成、海陵王元吉，尚书右丞魏徵与黄门侍郎王珪请求陪灵送葬。并向太宗上表说："我等受命于太上皇，在东宫做事，出入东宫将近十二年。隐太子与皇室中的一些人勾结叛乱，得罪了百姓和神灵，我们都甘愿受罚受死，担负罪过，但没有如愿。陛下既往不咎，反而赐予官职，臣等怎样报答呢？陛下德义广播，道义超过历代国君，想着过去之情，能够明晓国家大义，展示骨肉间的深情，重新安葬二王。现在离安葬的日子不远了，我们是二王旧臣，旧君死后又侍奉新君，已施行了侍奉新君的礼节，而旧君的坟上长满了野草，万事尽毕，可是我们还没表达送葬的哀思。瞻望墓地，希望在安葬的当天，我们能送二王的灵柩到墓地。"太宗感于魏徵等人的情义，允许了他们。于是太宗下令，凡是二王宫中的官吏都去送葬。

解读：

忠义之臣表现为不忘旧，如果对旧主没有一点怀念，这样的臣子就不是忠义之人，唐太宗正是用了这些忠义之人，才造就了贞观之治。

案例：

康乾盛世与旧日帝师

经历顺治、康熙、雍正、乾隆四朝所造就的康乾盛世，政治清明，国力强盛，这些其实都是和这四位帝王的一个沿袭下来的习惯有关系的：帝师都是前朝文士。

例如，康熙皇帝曾经就有过一位名唤济世的老师，济世起初，是鳌拜推荐给少年康熙的，那时候鳌拜已经开始藐视君王，拥兵自重，所以济世就不招康熙的喜欢，加之济世又过于尊重顺治皇帝和前明皇帝，于是年少的康熙皇帝几次想要罢免他，但是后来，经过一定的调查了解，知道了老师的苦心：老师是要他多学习汉文明与汉文化，学习如何成为一个有治国之策和能够定国安邦的一代圣君——当时的大清帝国，实在是内忧外患，大清朝也正面临着从打天下到治理天下的国策转型期，并且，年少的康熙皇帝也听说了老师的故事：济世本来是崇祯朝状元，清兵入关后，一直不肯出仕，是先皇帝顺治几次恳请，才把他请出山，并且为先皇帝讲授汉学。顺治皇帝此举，使当时天下读书人为之震动、奔走相告。——年少的康熙皇帝知道这些以后，越发敬重自己的这位老师，认为老师是一个念旧恩、重情义的人，于是奋发刻苦，终于学有所成。

不管哪一个行业，处在现在的大环境下，都免不了人才的流动，尤其竞争对手之间更是如此，所以，作为团队领导，其实可以在有意无意间考查一下自己的下属对前任服务公司和前任上司的态度，请千万铭记：不可以因为下属对于前任公司或者领导念旧甚至言语中有称赞就发怒，相反，这样的人才是真正的有情义的，反倒是一些总是说前任公司和领导坏话的，要格外小心对待。

原文：

贞观八年，先是桂州都督李弘节以清慎闻，及身殁后，其家卖珠。太宗闻之，乃宣于朝曰："此人生平，宰相皆言其清，今日既然，所举者岂得无罪？必当深理之，不可舍也。"侍中魏徵承间言曰："陛下生平言此人浊，未见受财之所，今闻其卖珠，将罪举者，臣不知所谓。自圣朝以来，为国尽忠，清贞慎守，终始不渝，屈突通、张道源而已。通子三人来选，有一匹羸马，道源儿子不能存立，未见一言及之。今弘节为国立功，前后大蒙赏赉，居官殁后，不言贪残，妻子卖珠，未为有罪。审其清者，无所存问，疑其浊者，旁责举人，虽云疾恶不疑，是亦好善不笃。臣窃思度，未见其可，恐有识闻之，必生横议。"太宗抚掌曰："造次不思，遂有此语，方知谈不容易，并勿问之。其屈突通、张道源儿子，宜各与一官。"（《贞观政要》）

译文：

贞观八年，桂州都督李弘节以清廉谨慎闻名，李弘节死后，他的家里要变卖珠宝。太宗听了这件事，在朝堂上说："此人在世的时候，宰相都说他清廉，今天既然这样，那么推举他的人怎能没有罪过呢？必须好好地查证一下，不可掉以轻心呀。"侍中魏徵私下对太宗说道："陛下一直说这个人不清白，但没有看到他接受财物。现在听说他的妻子卖珠宝，又要治他的罪。我不知道这是什么原因。自圣朝以来，为国尽忠，清廉谨慎，自始至终不改的，只不过是屈突通、张道源罢了。突通三个儿子来应选，只有一匹不好的马，张道源的儿子穷得无法维持生计，没有见陛下有一句话涉及这件事。现在弘节为国家立下汗马功劳，前前后后都大受奖赏，弘节死后，并没有什么关于他贪婪的言论，妻子卖掉珠宝首饰，并没有什么罪过。认为一个人清白，就什么都好；怀疑一个人不清白，就连举荐的人都要受到责备，虽然说痛恨邪恶没有什么过错，但是喜欢善行却也不见得深厚。我暗暗思量这种做法，没有见到其中可以值得称道的，我担心有见识的人听到这些事，必然产生许多不好的议论。”太宗听了拍手称赞道：“这是我做事不好，没有思考成熟，说错了话，现在才知道一个人要不说错话也不容易呀，李弘节的事不要过问了。像屈突通、张道源的儿子，都应该各授予一个官职。”

解读：

不能因为一件事就否定臣子的不贤明，并且由此而怀疑或处罚举荐的人，这样就没有人举荐人才了。

案例：

楚庄王：一次宽宏与一场胜利

楚庄王在一次平定叛乱后大宴群臣，宠姬嫔妃也统统出席助兴。席间丝竹声响，轻歌曼舞，美酒佳肴，觥筹交错，直到黄昏仍未尽兴。楚王乃命点烛夜宴，还特别叫最宠爱的两位美人许姬和麦姬轮流向文臣武将们敬酒。

忽然一阵疾风吹过，筵席上的蜡烛都被吹灭了。这时一位武将斗胆拉住了许姬的手，拉扯中，许姬撕断衣袖得以挣脱，并且扯下了那人头盔上的缨带。

许姬回到楚庄王面前告状，让楚王点亮蜡烛后查看众人的盔缨，以便找出刚才无礼之人。

楚庄王听完，却传令不要点燃蜡烛，而是大声说：寡人今日设宴，与诸位务要尽欢而散。现请诸位都去掉盔缨，以便更加尽兴饮酒。

听楚庄王这样说，大家依次把盔缨取下，这才点上蜡烛，君臣尽兴而散。

席散回宫，许姬怪楚庄王不给她出气。楚庄王说：此次君臣宴饮，旨在狂欢尽兴，融洽君臣关系。酒后失态乃人之常情，若要究其责任，加以责罚，岂不大煞风景？许姬这才明白楚庄王的用意。

七年后，楚庄王伐郑。一名战将主动率领部下先行开路。这员战将所到之处拼力死战，大败敌军，直杀到郑国国都之前。战后楚庄王论功行赏，才知其名叫唐狡。他表示不要赏赐，坦承七年前宴会上无礼之人就是自己，今日此举全为报七年前不究之恩。

如果当时楚庄王揪出了唐狡，就没有七年后楚庄王伐郑时的大胜，这就是他并没有因为酒后失态而责罚的功劳，这功劳竟然足以让一个人铭记七年，并不计性命去偿还。

在一个团队中更应该这样，不能因为下属的一点错误就否定下属的全部功绩，要是因为下属的错误还要实施“连坐”，就更是错上加错了。

原文:

贞观九年，萧瑀为尚书左仆射。尝因宴集，太宗谓房玄龄曰:“武德六年已后，太上皇有废立之心，我当此日，不为兄弟所容，实有功高不赏之惧。萧瑀不可以厚利诱之，不可以刑戮惧之，真社稷臣也。”乃赐诗曰:“疾风知劲草，板荡识诚臣。”瑀拜谢曰:“臣特蒙诫训，许臣以忠谅，虽死之日，犹生之年。”(《贞观政要》)

译文:

贞观九年，萧瑀担任尚书左仆射。一次，与一些大臣在一起宴饮时，太宗对房玄龄说:“武德六年以后，太上皇有废立储君的意思。我在这个时候的确功劳很大，却不能够被兄弟们容忍，的确有害怕赏罚不分明的担忧。萧瑀这个人不能用财物引诱他，不能用刑罚威胁他，真是国家的人才啊。”于是赐诗写道:“大风能够知晓劲草的品格，患难能够考验大臣的忠心。”萧瑀拜谢说:“承蒙你的训诫，赞许我的忠贞，我虽死犹生。”

解读:

忠臣就是坚守一种正道，不会因为别人用不正当的手段使自己变更想法，正可谓“疾风知劲草，板荡识诚臣”。

案例：

张骞：一代使者的千古绝唱

建元二年（前 139 年），张骞一行人出陇西（今甘肃临洮南）途经匈奴时，被匈奴抓获、扣留。扣压不是几天、几月，而是十余年。匈奴人给他娶妻生子，想以此拴住张骞，老死匈奴。然而张骞“持汉节不失”，念念不忘身负的使命。在被扣押期间，他采取韬晦之计，使匈奴人放松警惕，放宽对他的监禁。这一计果然有效，张骞抓住一个机会和少数随从逃跑，“西走数十日至大宛”。大宛国王早就想跟富庶的西汉交往，听说张骞来了，很高兴，问他：“你要到哪里去？”张骞答：“我要出使月氏，没想到中途匈奴人阻道。现在我逃出来了，希望国王派人送我去月氏。如果你这样做了，我回汉朝后告诉汉朝皇帝，汉朝皇帝定会用很多财物感谢你。”大宛国王满口答应，派人把张骞护送到康居，由康居转送大月氏，到大月氏以后，发现情况有变化。老国王被匈奴人杀害，立太子为王，征服了大夏。新国王认为，大月氏土地肥美，人民安居乐业，而且离汉朝太远，没有必要定要报复匈奴。张骞没辙，又从大月氏回大夏。元朔元年（前 128 年），张骞取道昆仑山北麓、青海柴达木盆地的羌人居住区回国。由于羌人被匈奴控制，张骞在东归返回的途中，再次被匈奴抓获，后又趁匈奴内乱逃回长安，历尽千辛万苦，前后用了十三年时间。出发时带着随从一百人，返回时，只剩堂邑父一人同行，付出了很高的代价。为了表彰张骞的功绩，汉武帝封他为太中大夫，封堂邑父为奉使君。

张骞被扣留匈奴漫漫十余年，匈奴人给他娶妻生子，想以此拴住他，使他老死匈奴。但是张骞始终不忘使命，并不因为这些诱惑就停止出使和归汉的脚步，终于，念念不忘，必有回响，他成功地逃出，并完成了使命，回到了汉朝。——虽然付出了很高的代价。

在团队当中，检验下属忠诚度的还有一招：诱惑。不过切记不能常用，常用的话，如果事发，难以收拾。

原文：

夫君能尽礼，臣得竭忠，必在于内外无私，上下相信，上不信，则无以使下，下不信，则无以事上，信之为道大矣。昔齐桓公问于管仲曰："吾欲使酒腐于爵，肉腐于俎，得无害霸乎？"管仲曰："此极非其善者，然亦无害于霸也。"桓公曰："如何而害霸乎？"管仲曰："不能知人，害霸也；知而不能任，害霸也；任而不能信，害霸也；既信而又使小人参之，害霸也。"晋中行穆伯攻鼓，经年而弗能下，馈间伦曰："鼓之啬夫，间伦知之。请无疲士大夫，而鼓可得。"穆伯不应，左右曰："不折一戟，不伤一卒，而鼓可得，君奚为不取？"穆伯曰："间伦之为人也，佞而不仁，若使间伦下之，吾可以不赏之乎？若赏之，是赏佞人也。佞人得志，是使晋国之士舍仁而为佞。虽得鼓，将何用之？"夫穆伯，列国之大夫，管仲，霸者之良佐，犹能慎于信任、远避佞人也如此，况乎为四海之大君，应千龄之上圣，而可使巍巍至德之盛，将有所间乎？（《贞观政要》）

译文：

如要君王尊礼，臣下尽忠，就必须内外无私，君臣之间相互信任。信任对于治理国家至关重要。过去，齐桓公对管仲说："我想使酒在酒器中变坏，肉在锅中腐烂，这样做对治国无害吧？"管仲说："这样做不好，但对治国也无害。"齐桓公问："那么什么会危害国家呢？"管仲说："不能识别人才有损于霸业；知道是人才而不能恰当地任用有损于霸业；任用了又不肯信任有损于霸业；信任而又让小人从中掺和有损于霸业。"晋国的中行穆伯攻打鼓这个地方，一年都攻克不下，馈间伦说：“鼓这个地方的百姓，我是知道的。不必兴师动众、出兵打仗，我就可以攻下鼓这个地方。”穆伯不理他，左右的官员说：“不用一兵一卒，而鼓就可以得到，为什么不听馈间伦的意见呢？”穆伯说：“馈间伦的为人，奸诈不仁义。如果他夺取了鼓地，我可以不赏他吗？如果赏赐了他，不是在赏赐奸邪小人吗？如果让小人得志，那就是让晋国的人放弃仁义而宣扬奸邪。即使得到了鼓地，又有什么用呢？”穆伯，是春秋时的大夫，管仲，是霸主的得力助手，他们尚且能够如此重视信用、疏远小人，更何况陛下是德冠千古的圣明君主，怎能有损于巍巍盛德呢？

解读：

主国政之君主，一定要讲求信用，对臣子的任用更是如此。而且不可通过任用小人得到好处，就背弃信用，这样会使君主无信、国家无信。

案例：

武则天：酷吏之祸

武则天作为我国历史上唯一的女皇帝，面临多重挑战和极为险恶的政治环境，于是，在这样一种状态下，武则天开始任用酷吏。

第一个酷吏是索元礼，他向武则天密告下面的反对者，武则天让他去抓、去办理。结果就抓个正着，而且一抓就是一批。因为当时的反对者本来人数就多，大家都拿斜眼瞪着武则天。所以索元礼抓多少武则天都相信。武则天便认为索元礼是个抓坏人的能手、办理案件的天才，就赏了他个游击将军的军衔。

索元礼由于告密和杀人，很快就得了个将军官职，由一介平民变成了将军。于是，一个个像索元礼那样的人循迹而来。尚书都事长安籍的周兴、万年籍的来俊臣，就模仿着索元礼办法干。周兴迁为秋官侍郎（刑部司郎），来俊臣弄了个御史中丞的高级官。

于是，这几个著名的酷吏应运而生。酷吏抓人用的是诬告的办法，而且一告就准，原因是他们收买了一批无赖，一起投状上告，不由人不相信。而审讯用的酷刑，挖空心思想出来的残酷，不怕疑犯不招供。人抓到了，口供也有了，武则天不能不信他们。他们用的酷刑名目繁多，数不过来，有什么定百脉、突地吼、死猪愁、求破家、反是实、凤凰晒翅、驻驹拔橛、仙人献果、玉女登梯，等等。名字或雅或俗，效果都一样，不招供就一直整下去，除非被整死，不然无人能过得去他们发明的凶刑。他们自己为组织队伍，由周兴、来俊臣、万国俊共同编写了《罗织经》，是专门研究怎样诬告、连锁诬告方法步骤的。至于如何让人招供，只要有一颗豺狼凶残之心，现场学习用酷刑逼供就可以毕业通过，成为合格的酷吏。

开始的时候，酷吏们诬告、杀害的人多是无名之人，历史上也没有记下被害者的姓名。到武则天称帝之后，因改朝换代，必然要清除一些死硬的反对派，这主要是李氏宗室王和朝中及地方官员。酷吏们看准时机，便把迫害的矛头对准了朝野的反对派大臣。宰相魏玄同、夏官侍郎崔詧、右武卫大将军、出身百济的名将黑齿常、太子少保、纳言裴居道、尚书左丞张行廉、安南王李颖等宗室王十二人、太子贤的两个儿子（武则天的两个孙子）都在酷吏的屠刀下丧命。 一时间，朝野上下，群情激奋，也为武则天日后埋下了隐患，所幸的是，武则天及时停止了对酷吏的任用。

在现代社会中，作为团队的领导人，在面对复杂的形势时，可以采取非常手段，但是非常手段也是要有底线的，否则失信于团队成员，以任用小人来换取一时的安稳，就大大失算了。

原文：

贞观初，有上书请去佞臣者，太宗谓曰："朕之所任，皆以为贤，卿知佞者谁耶？"对曰："臣居草泽，不的知佞者，请陛下佯怒以试群臣，若能不畏雷霆，直言进谏，则是正人，顺情阿旨，则是佞人。"太宗谓封德彝曰："流水清浊，在其源也。君者政源，人庶犹水，君自为诈，欲臣下行直，是犹源浊而望水清，理不可得。朕常以魏武帝多诡诈，深鄙其为人，如此，岂可堪为教令？"谓上书人曰："朕欲使大信行于天下，不欲以诈道训俗，卿言虽善，朕所不取也。"（《贞观政要》）

译文：

贞观初年，有人上书请求斥退皇帝身边那些佞邪的小人，唐太宗对上书的人说："我任用的人，都认为他是贤臣，你知道佞臣是谁吗？"那人回答说："我住在民间，的确不知道谁是佞臣。请陛下假装发怒，来试一试身边的大臣们，如果谁不怕雷霆之怒，直言进谏，那就是正直的人。如果谁一味依顺陛下，不分曲直地迎合皇上的意见，那就是佞邪的人。"唐太宗回头对封德彝说："流水是否清浊，关键在于源头。君主是施政的源头，臣民就好比流水，君主自行欺诈妄为，却要臣下行为正直，那就好比是水源浑浊而希望流水清澈，这是根本办不到的。我常常认为魏武帝曹操言行多诡诈，所以很看不起他的为人，现在如果让我也这么做，不是让我效仿他吗？这不是实行政治教化的办法！"于是，唐太宗又对上书的人说："我要使诚信行于天下，不想用诈骗的行为损坏社会风气，你的话虽然很好，但我不能采纳。"

解读：

想要分清臣子的忠奸与否，切不可用欺骗的方法，这样君主本身就已经是失信于天下了，社会风气就更坏了。

案例：

忠奸之辨：康熙朝风闻言事的行与禁

清初立国不稳，为整顿吏治，曾经实行过“风闻言事”，“风闻言事”，指的是御史等任监察职务的官员可以根据传闻匿名进谏或弹劾官吏。清朝太祖和顺治两朝为广开言路与整顿吏治曾实行过，但在顺治后期，为了避免大臣之间的党争，就禁止了这一做法。

康熙中叶，为了抑制党争和阿哥争储现象，平衡各方利益关系，重开“风闻言事”，还更为宽松了：无论中央、地方，凡五品以上官员，均可风闻言事，不必查有实据，且风闻言事的折子，直接上报朝廷。于是圣旨才颁布月余，就收到了风闻言事折子几千个，以至于达到了“谁人背后不参人，谁人名下无人参”的地步。并由此举发展出“密折专奏”权，康熙皇帝借此给予自己信任的臣子这个权力，以奏报地方雨水民情为由，其实是报告地方政治动态，监督各个地方的官员。密折专奏制度的建立和完善，使康熙能够及时、充分地掌握地方情况，从一个侧面了解地方官的为人处世。密折对官员有一定的监督约束作用，一些官员因害怕被弹劾，开始检点自己的行为，不敢明目张胆地违法乱纪。

后来，因为“风闻言事”之风过于泛滥，造成大臣之间过分地“背靠背”，实在有悖于用人和为君之道，康熙皇帝在下旨重新开始风闻言事后不到三年，就又下严旨，禁止了风闻言事。

康熙皇帝一开始，为了解地方民情与官场生态和广开言路计，重开“风闻言事”，并借此了解到臣子之间的党争已经到了盘根错节的程度，后来，当风闻言事的副作用超过它的有利一面时，充分认识到风闻言事的程度，已经违反了天子的为君之道的时候，就停止了这项政策。

在现代的管理团队当中，除非万不得已，不能使用“风闻言事”这样的“背靠背”的管理方法，这是违背作为领导的底线的。

原文：

贞观十一年，太宗行至汉太尉杨震墓，伤其以忠非命，亲为文以祭之。房玄龄进曰：“杨震虽当年夭枉，数百年后方遇圣明，停舆驻跸，亲降神作，可谓虽死犹生，没而不朽，不觉助伯起幸赖欣跃于九泉之下矣。伏读天文，且感且慰，凡百君子，焉敢不勖励名节，知为善之有效！”（《贞观政要》）

译文：

贞观十一年，太宗行至汉朝太尉杨震墓，为他的忠贞而死于非命感到十分悲伤，亲自撰文祭奠他。房玄龄进言道：“杨震当年死得冤枉，数百年后才遇到英明的圣主，圣主停下高贵的车马，与神一同拜祭他，这真是虽死犹生。他在九泉之下也会感到高兴。拜读陛下的祭文，既感动，又欣慰。凡是有德行节操的君子，怎敢不勉励名节，知道为善终有好报。”

解读：

有时想教导君臣行忠义之事，可以用古代的忠义臣子作为榜样，对其进行祭祀和礼拜，大臣看到君主提倡此行，自然都行忠义之事了。

案例：

袁崇焕：被奉上神坛的牺牲品

明崇祯三年即后金天聪四年（1630年）八月十六日，明朝兵部尚书、蓟辽督师袁崇焕，惨遭磔刑，含冤离世。

袁崇焕死时被当作可耻的卖国贼，但他死后，明朝“边事益无人，明亡征决矣”。袁崇焕死后一百五十二年，清朝乾隆皇帝正式公开为他平反。在《清高宗实录》第一一七〇卷，乾隆四十七年（1782 年）十二月初四日留下了这样的记载：“昨批阅《明史》，袁崇焕督师蓟、辽，虽与我朝为难，但尚能忠于所事。彼时主昏政暗，不能罄其忱悃，以致身罹重辟，深可悯恻。袁崇焕系广东东莞人，现在有无子孙？曾否出仕？著传谕尚安，详悉查明，遇便覆奏。”从此时起，才有人公开祭奠袁崇焕。袁崇焕也终于卸下了卖国贼的枷锁，重新登上民族英雄的祭坛。——而在很多的清代笔记中，多次记载皇太极对袁崇焕称赞有加的例子。包括康熙皇帝，也曾经表示过，袁崇焕是难得的将帅之才和忠君英烈，只是当时先帝出于策略考才使用离间计。

袁崇焕在死后，被作为忠臣的典范，推向神坛。最为滑稽的是，把他推向神坛的，恰巧是当时害死他的清朝统治者的子孙们。——而对袁崇焕的推崇，很大程度上缓和了清朝当时激烈的满汉矛盾，安抚了汉臣的心。

下面，我们来看一下袁崇焕是怎么被杀死的。

后金大军在广渠门战败屯驻南海子时，俘虏了明朝提督大坝马房太监杨春、王成德。据《崇祯长编》记载：大清兵驻南海子，提督大坝马房太监杨春、王成德为大清兵所获，口称“我是万岁爷养马的官儿”。第二天，皇太极命将杨春、王成德带到德胜门外，指派副将高鸿中，参将鲍承先、宁完我和巴克什达海等，对他们加以监守。高鸿中、鲍承先等按照皇太极的旨意，夜里回营，坐在两个太监卧室的隔壁，故作耳语，秘密谈话。他们在谈话中明示袁崇焕已经与皇太极有密约，攻取北京，城下之盟，很快可以成功。太监杨春、王成德假装卧睡，倾耳窃听。二十九日，高鸿中、鲍承先又受命故意放走了杨太监、王太监。杨太监等回到紫禁城，将窃听到的高鸿中、鲍承先的密谈内容，奏报了崇祯皇帝。崇祯帝既惑于阉党的蜚语，又误中后金的反间计，决定在平台召见袁崇焕“议饷”。——其实就是借“议饷”之名，处死袁崇焕。袁崇焕见到崇祯皇帝后，崇祯皇帝并没有与他“议饷”，而是“著（着）锦衣卫拿（ná）掷殿下。校尉十人，褫（chǐ）其朝服，杻（chǒu）押西长安门外锦衣卫大堂，发南镇抚司监候”。

在带领团队的时候，可适当用以往管理学教科书中最成功的案例和人来激励下属，树应榜样。

原文：

至治之国，君若桴，臣若鼓，技若车，事若马。故人有余力易于应，而技有余巧便于事。立功者不足于力，亲近者不足于信，成名者不足于势。近者不亲，而远者不结，则名不称实者也。圣人德若尧、舜，行若伯夷，而位不载于世，则功不立，名不遂。故古之能致功名者，众人助之以力，近者结之以成，远者誉之以名，尊者载之以势。如此，故太山之功长立于国家，而日月之名久著于天地。此尧之所以南面而守名，舜之所以北面而效功也。(《韩非子》)

译文：

治理得最好的国家，君主如同鼓槌，臣子如同鼓，技能如同车，事情如同马。所以人有余力容易响应召唤，技巧高超容易办成事情。建立功业的人力量不够，亲近的人忠诚不够，成就名望的人权势不够，贴身的人不贴心，远方的人不交结，那就是名不副实了。圣人的道德如同尧舜，行为如同伯夷，但势位不为世人所拥护，就会功不成、名不立。所以古代能够成就功名的人，众人用力帮助他，身边的人真心交结他，远处的人用美名赞誉他，位尊的人用权势拥戴他，正因如此，所以君主的丰功伟绩就如同泰山一样在长期之中建立了起来，君主的盛名威望就如同日月一样在天地之间永放光芒。这就是尧所以能南面称王而保持名位，舜所以要北面称臣而献功效忠的原因。

解读：

这里讲的是名实相符，如果君主不以礼待人，臣子的忠诚是假的，那么就会出现违合感，丰功伟绩自然都是梦幻泡影。

案例：

夏桀之祸：礼逾而朝灭

夏桀重用奸臣，排挤贤臣。他重用一个叫赵梁的小人，此人专投夏桀所好，教他如何享乐，如何勒索、残杀百姓。

太史令终古看到夏桀这样荒淫奢侈，便进宫向夏桀哭泣进谏说："自古帝王，都是勤俭爱惜人民的力量，才能够得到人民的爱戴。不能把人民的血汗供给一人的娱乐。这样奢侈，只有亡国。"夏桀听了很不耐烦，斥责终古多管闲事。终古知道夏桀已不可救药，心里明白夏一定要灭亡的，就投奔了商汤。

大臣关龙逄几次劝谏夏桀，夏桀就是不听。关龙逄说："天子谦恭而讲究信义，节俭又爱护贤才，天下才能安定，王朝才以稳固。如今陛下奢侈无度，嗜杀成性，弄得百姓都盼望陛下早些灭亡。陛下已经失去了人心，只有赶快改正过错，才能挽回人心。"夏桀听了，非常生气，下令将关龙逄杀死。

这样，夏朝朝政更加腐败，夏桀也日益失去人心，众叛亲离了。到了晚年，夏桀更加荒淫无度，竟命人造了一个大池，称为"夜宫"，他带着一大群男女杂处在池内，一个月不上朝。正是这样，夏桀把夏朝推向了灭亡的境地。

太史令终古、关龙逄都是帮助商汤灭夏的名臣，夏桀没有礼待他们，反而将他们中的有些人处死，于是他们中保住性命的人就都投奔了商汤，这加剧了夏朝的覆灭。

在现代社会的管理团队当中，一定要对人才以礼相待，特别对才能特别突出的，以及在关键位置上任职的人，尤其如此，否则一旦这些人才起了二心，对自己的团队就是巨大的打击。

制衡卷

第四

原文：

爱臣太亲，必危其身；人臣太贵，必易主位；主妾无等，必危嫡子；兄弟不服，必危社稷。臣闻千乘之君无备，必有百乘之臣在其侧，以徒其民而倾其国；万乘之君无备，必有千乘之家在其侧，以徒其威而倾其国。是以奸臣蕃息，主道衰亡。是故诸侯之博大，天子之害也；群臣之太富，君主之败也。将相之管主而隆家，此君人者所外也。万物莫如身之至贵也，位之至尊也，主威之重，主势之隆也。此四美者，不求诸外，不请于人，议之而得之矣。故曰：人主不能用其富，则终于外也。此君人者之所识也。(《韩非子》)

译文：

宠臣过于亲近，必定危及君身；臣子地位太高，必定取代君位；妻妾不分等级，必定危及嫡子；君主兄弟不服，必定危害国家。我听说千乘小国的国君没有防备，必定有拥有百乘兵车的臣子窥视在侧，准备夺取他的百姓，颠覆他的国家；万乘大国的国君没有防备，必定有千乘之国的大夫窥视在侧，准备夺取他的权势，颠覆他的国家。因此奸臣势力扩张，君主权势就会消亡。因此诸侯强大是天子的祸害；群臣太富是君主的失败。将相控制君主使私家兴盛，这是君主应排斥的。万事万物中，没有比君身更高贵、比君位更尊崇、比君威更强大、比君权更隆盛的。这四种美好的东西，不借助于外界，不求助于别人，处理恰当就都得到了。所以说：君主不能使用他的财富，最终将会被排斥在外，这是统治者要牢记的。

解读：

君主对臣子不能太过亲近，亲近就会有危险，特别是重臣。历史上的陈桥兵变，就是重臣太过强大，而危及了君主，致使改朝换代。

案例：

胡惟庸：险些毁掉大明的人

朱元璋认为胡惟庸有才干，很宠信他。胡惟庸也自觉奋进，曾以遇事小心谨慎博得朱元璋欢心，进一步获得朱元璋的宠信。

他为此当了多年独相，生杀废黜大事，有的不报告朱元璋便直接执行。内外各部门的奏章，他都先拿来看，凡是陷害自己的，便扣下不上呈。各方面热衷功名之徒，以及失去了职位的功臣武夫，竞相奔走于其门，贿送的金帛、名马、好玩之物，不可胜计。大将军徐达极恨他奸恶，从容地告诉了朱元璋。胡惟庸于是诱惑徐达的守门人福寿，图谋害徐达，但被福寿揭发。

御史中丞也曾说过他的短处。后来刘基生病，朱元璋派惟庸带医生探视，胡惟庸便对刘基下毒。刘基死后，他更加无所顾忌。他与太师李善长相勾结，将哥哥的女儿嫁给善长的侄子李佑为妻。学士吴伯宗弹劾胡惟庸，差点大祸临头。此后，他权势更盛。在他定远老家的井中，突然生出石笋，出水数尺深，献媚的人争相说这是祥瑞之兆。他们还说胡惟庸祖父三代的坟墓上，晚上都有火光，照亮夜空。胡惟庸更加高兴和自负，从此有了异心。

在占城使者到来的时候，胡惟庸隐瞒不报，被太监撞见报朱元璋后，又企图推诿塞责，但终于纸里包不住火，被举报，又因为牵连其他案件，被朱元璋查出后罢官抄家诛杀。

在胡惟庸案彻底平静之后，明太祖朱元璋开始反思自己在对胡惟庸任用上的过失，并多次表示，在胡惟庸案中，自己责任最大，几乎使大明江山沦丧。

在一个团队当中，领导对一些有能力的下属器重，这是情理之中的事，但是，万不可过分倚重某一下属，这样的话就会使整个团队向这一个人倾斜，失去平衡的团队，离覆灭就不远了。

原文：

重人也者，无令而擅为，亏法以利私，耗国以便家，力能得其君，此所为重人也。智术之士明察，听用，且烛重人之阴情；能法之士劲直，听用，且矫重人之奸行。故智术能法之士用，则贵重之臣必在绳之外矣。是智法之士与当涂之人，不可两存之仇也。(《韩非子》)

译文：

所谓重臣，就是无视法令而独断专行，破坏法律来为私家牟利，损害国家来便利自家，势力能够控制君主，这才叫作重臣。懂得统治策略的人明察秋毫，他们的主张若被采纳，自身若被任用，将会洞察重臣的阴谋诡计；能够推行法治的人刚强正直，他们的主张若被采纳，自身若被任用，将会矫正重臣的邪恶行为。因此，懂得策略和善用法治的人若被任用，那么位尊权重之臣必定为法律准绳所不容。这样说来，懂法依法的人与当权的重臣，是不可并存的仇敌。

解读：

如果朝政中有重臣，那君主就如同摆设。君主要想掌握大权，必须用懂法依法之人对重臣绳之以法，否则国将不国。

案例：

康熙与年羹尧：权力的艺术

康熙四十八年（1709 年），年羹尧迁内阁学士，不久升任四川巡抚，成为封疆大吏。对于康熙的格外赏识和破格提拔，年羹尧感激涕零，在奏折中表示自己"以一介庸愚，三世受恩"，一定要"竭力图报"。到任之后，年羹尧很快就熟悉了四川通省的大概情形，提出了很多兴利除弊的措施。而他自己也带头做出表率，拒收节礼，"甘心淡泊，以绝徇庇"。康熙对他在四川的作为非常赞赏，并寄以厚望，希望他"始终固守，做一好官"。雍正元年（1723年）五月，雍正发出上谕："若有调遣军兵、动用粮饷之处，著（着）边防办饷大臣及川陕、云南督抚提镇等，俱照年羹尧办理。"这样，年羹尧遂总揽西部一切事务，实际上成为雍正在西陲前线的亲信代理人，权势地位实际上在抚远大将军延信和其他总督之上。雍正还告诫云、贵、川的地方官员要秉命于年羹尧。同年十月，青海发生罗卜藏丹津叛乱。青海局势顿时大乱，西陲再起战火。雍正命年羹尧接任抚远大将军，驻西宁坐镇指挥平叛。年羹尧不仅在涉及西部的一切问题上大权独揽，而且还一直奉命直接参与朝政。他有权向雍正直接上报，把诸如内外官员的优劣、有关国家吏治民生的利弊兴革等事，随时上奏。他还经常参与朝中大事的磋商定夺。在有关重要官员的任免和人事安排上，雍正则更是频频与年羹尧交换意见。

年羹尧历经两朝，位高权重，并且妹妹还是贵妃，于是更有"外戚"之贵，但他最终还是被雍正皇帝借故下旨，被命令在狱中"自杀"，家人受牵连者无数。甚至后裔因害怕还要被牵连，将"年"姓倒放，改为"生"姓。

其实年羹尧的遭遇与他"跋扈"的关系并不大，只因为他是重臣罢了：在皇帝还未站稳脚跟的时候需要他，一旦皇帝政局稍微稳定，想要大权独揽的时候，第一个要"料理"的，就是他这样的臣子。

作为团队的首领，还是在团队组建初期就预防这样的事情比较好：在创业阶段就尽量平分任务，减少对单一成员的倚重，否则事情逐渐发展之后，到了不得不做的时候，再这么做，是十分伤感情的事情。

原文:

万乘之患，大臣太重；千乘之患，左右太信；此人主之所公患也。且人臣有大罪，人主有大失，臣主之利与相异者也。何以明之哉？曰：主利在有能而任官，臣利在无能而得事；主利在有劳而爵禄，臣利在无功而富贵；主利在豪杰使能，臣利在朋党用私。是以国地削而私家富，主上卑而大臣重。故主失势而臣得国，主更称蕃臣，而相室剖符。此人臣之所以谲主便私也。(《韩非子》)

译文:

大国的祸害在于大臣权势太重，中小国家的祸害在于近臣太受宠信：这是君主的通病。再说臣下犯了大罪恶，君主有了大过失，臣下和君主的利益是相互不同的。凭什么这样说呢？即君主的利益在于具有才能而任以官职，臣下的利益在于没有才能而得到重用；君主的利益在于具有功劳而授以爵禄，臣下的利益在于没有功劳而得到富贵；君主的利益在于豪杰效力，臣下的利益在于结党营私。因此国土减少而私家更富，君主地位卑下而大臣权势更重。所以君主失去权势而大臣控制国家，君主改称藩臣，相臣行使君权。这就是大臣欺骗君主牟取私利的情形。

解读:

这里指出的是君臣的关系是对立的，如果朝中有重臣，或君主过于宠信近臣，就会使君臣关系发生逆转，这是君主一定要防范的。

案例：

安禄山："大儿子"的谋逆之心

安禄山为了赢得唐玄宗的赏识，在杨贵妃面前大献殷勤，他虽然比杨贵妃大十几岁，却请求给杨贵妃当干儿子。杨贵妃故意笑而不答。唐玄宗却鼓励杨贵妃收下这个"好孩儿"。自从杨贵妃当了安禄山的干娘，安禄山就越发得宠，与唐玄宗"来往"也就有了名分。天宝十年（751 年）正月初一，是安禄山的生日，唐玄宗和杨贵妃赐给安禄山丰厚的生日礼物。过罢生日的第三天，杨贵妃特召安禄山进见，替他这个"大儿子"举行洗三仪式。杨贵妃让人把安禄山当作婴儿放在大澡盆中，为他洗澡，洗完澡后，又用锦绣料子特制的大襁褓，包裹住安禄山，让宫女们把他放在一个彩轿上抬着，在后宫花园中转来转去，口呼"禄儿、禄儿"嬉戏取乐。

这次"洗三"堪称史上最为离奇的一次"洗三"，也是唐玄宗宠信安禄山的证据之一。

然而，宠信还是不能阻止安禄山起兵，天宝十四年（755 年）十一月，安禄山在范阳起兵，以讨杨国忠为名，发动叛乱，挟三镇兵力，直指东都洛阳。太原有报疾驰赶到骊山，当时在骊山华清宫的唐玄宗不相信安禄山会叛变，但叛变的消息不断传来，玄宗仍半信半疑，直到平原郡太守颜真卿派人传来情报，玄宗才大梦初醒。在唐玄宗本人错误的战略下，安禄山的铁骑军团攻陷东都洛阳，次年正月便在洛阳称大燕皇帝，建元圣武，自称雄武皇帝，以达奚珣为丞相。

唐玄宗太过于宠幸安禄山，最终酿成大祸，就是一时被杨贵妃的喜乐冲昏头脑，没有明白君臣关系其实是对立的这一道理。

在团队中，作为领导，也要意识到"不要把所有重任都放到一个人的肩膀上"，否则他一跳槽，你的团队就有覆灭的危险。

原文：

徭役多则民苦，民苦则权势起，权势起则复除重，复除重则贵人富。苦民以富贵人，起势以藉人臣，非天下长利也。故曰：徭役少则民安，民安则下无重权，下无重权则权势灭，权势灭则德在上矣。(《韩非子》)

译文：

徭役多，百姓就困苦；百姓困苦，臣下势力就发展起来；臣下势力发展起来，免除徭役和赋税的人就增多；免除徭役和赋税的人增多了，权贵就富有起来，君主坑害百姓而使权贵富有，就给臣下扩张势力提供了条件，这不符合国家的长远利益。所以说，徭役轻，百姓就安定；百姓安定，臣下就没有大权；臣下没有大权，他们的势力就消灭了；他们的势力消灭了，恩惠就全归君主了。

解读：

君主切不可役使民众太苦，否则臣子就会有机可乘，使他们做大做强，进而危害国家，所以要让百姓安定，臣子没有大权。

案例：

一世枭雄袁世凯：大清的实际终结者

在戊戌变法中，袁世凯由于告密获得了后党的信任，地位扶摇直上。

1899年冬，袁世凯由工部侍郎升任山东巡抚，这是四十岁的袁世凯首次出任封疆大吏。在此前后，他的新建陆军也从天津小站调往山东境内布防，使其躲过了后来的八国联军入侵，得以迅速扩大，成为袁世凯最具实力的政治资本。当时山东盛行排外的义和拳，袁世凯到任后，认定义和拳为“左道邪教”，一改前任巡抚毓贤的纵容态度，全力镇压拳民，令其在山东无法立足，逃往天津、北京一带。慈禧太后以民气可用，纵容义和拳。1900年爆发了八国联军入侵，山东在袁世凯治下则维持稳定，并且加入东南互保，使山东免遭战祸。1901年11月，李鸿章死去，袁世凯受命署理直隶总督兼北洋大臣，次年实授，一跃而成为中外所瞩目的实力人物。据某些史料记载，李鸿章临终前曾有“环顾宇内，人才无出袁世凯右者”的遗言，但据考证并不存在。事实上，在李鸿章去世之后，直隶总督兼北洋大臣的地位无须他人推荐，可以说是“非袁莫属”了。

《辛丑条约》签订后，清政府迫于内外形势，施行新政。袁世凯表示极力拥护。1901年袁世凯在山东创建山东大学堂（今山东大学）。1902年，袁世凯兼任政务处参预政务大臣和练兵大臣，在保定编练北洋常备军（简称“北洋军”）。次年，清政府在北京设立练兵处，袁世凯任会办大臣，负责创办武备学堂，并聘请大批日本军官担任教习。至1905年北洋六镇编练成军，每镇一万二千五百余人，除第一镇系满洲贵族铁良统率的旗兵外，其余五镇都在他的控制之下，重要将领几乎都是小站练兵时期的嫡系军官。同时，袁世凯还兼任督办电政大臣、督办铁路大臣及会议商约大臣。

后来，辛亥革命爆发，袁世凯手握重兵，又深得清朝官员信任，甚至连摄政王载沣都有言：“和谈斡旋之人，非袁莫属。”就这样，袁世凯被任命为湖广总督，南下镇压武昌起义。袁世凯一面向清朝表达善意，一面同革命党通信，表示可以让清朝皇帝退位。

在清王朝的最后时光里，不光外患严重，而且内部官场腐败之风盛行，上行下效，人民徭役赋税繁重，苦不堪言。统治者无能，过分依赖袁世凯，最终，手握重兵与大权的袁世凯成为大清王朝的实际终结者。

在现代的团队协作中，一个好的领导一定要适当减轻团队成员的负担，不能总是让他们超负荷运转，并且要注意不能过分依赖某一个人，否则就有潜在的危险。

原文：

人主之过，在已任臣矣，又必反与其所不任者备之，此其说必与其所任者为仇，而主反制于其所不任者。今所与备人者，且曩之所备也。人主不能明法而以制大臣之威，无道得小人之信矣。人主释法而以臣备臣，则相爱者比周而相誉，相憎者朋党而相非。非誉交争，则主惑乱矣。(《韩非子》)

译文：

君主的过失，在于已经任用臣子了，却又总是颠倒回来，和未被任用的人一起去防备他，这样一来，未被任用的人的意见一定和已被任用的人的意见作对，君主反而受制于他所不用的人。现在偕同君主防备他的人，也就是君主过去所要防备的人。君主不能彰明法令来控制大臣的威势，就无从得到平民百姓的信任了。君主放弃法纪而用臣子去防备臣子，彼此喜欢的人就会紧密勾结而相互吹捧，彼此憎恨的人就会拉帮结伙而相互诽谤。诽谤和吹捧交相争斗，君主就迷惑昏乱了。

解读：

这里是说君主应该用法制来管理臣子，切不可用臣子去防备臣子，这样就会彼此之间形成朋党，相互争斗，君主就会迷惑。

案例：

牛李党争：压跨唐帝国的稻草

牛李党争是中国唐朝后期统治集团内部争权夺利的宗派斗争，也称“朋党之争”。“牛党”是指以牛僧孺、李宗闵为首的官僚集团；“李党”是指以李德裕为首的官僚集团。牛党大多是科举出身，属于庶族地主，门第卑微，靠寒窗苦读考取进士，获得官职。李党大多出身于世家大族，门第显赫。他们往往依靠父祖的高官地位而进入官场，称为“门荫”出身。

从表面看，牛李党争似乎是庶族官僚与士族官僚之间的斗争，实际上两党在政治上也有深刻的分歧。两党分歧的焦点主要有两个：一是通过什么途径来选拔官僚。牛党多科举出身，主张通过科举取士；李党多门荫出身，主张通过门荫取士。李德裕认为，公卿子弟从小就熟悉官场，容易掌握做官的本领。二是如何对待藩镇。李党主张对不听朝廷命令的藩镇用兵，以加强唐朝中央的地位；牛党则主张姑息迁就。

两党除了政治上的分歧外，还牵扯进个人的恩怨。牛僧孺、李宗闵因评论时政，得罪了宰相李吉甫，曾遭到贬斥，而李德裕是李吉甫的儿子，因此双方结怨甚深，一旦大权在握，就排挤打击对方。唐穆宗长庆年间（821—824 年）牛僧孺做宰相，就把李德裕排挤出朝廷。李德裕任西川节度使时，接受吐蕃将领的投降，收复了重镇维州（今四川理县）。牛僧孺却意气用事，强令把降将和城池交还吐蕃。唐武宗时（841—846 年），李德裕做宰相，又把牛僧孺、李宗闵放逐到南方。唐武宗死后，唐宣宗即位，牛党成员白敏中任宰相，牛党又纷纷被起用，李党全遭罢斥。李德裕被赶到遥远的崖州（今海南三亚西北），不久忧郁而死。 这场统治阶级内部的宗派斗争，加深了唐朝后期的统治危机

牛李党争，不但惑乱了君主，使君主不能够做出正确的判断，甚至也惑乱了整个唐帝国，成为已经在走下坡路的帝国的沉重稻草，这就是君主不用法度管理臣子，而用臣子来制衡和防备臣子的反面教材。

在现代的团队中，领导的大忌就是让团队成员“背靠背”，这样看似聪明，实则最为愚蠢。

原文：

上古之传言，《春秋》所记，犯法为逆以成大奸者，未尝不从尊贵之臣也。然而法令之所以备，刑罚之所以诛，常于卑贱，是以其民绝望，无所告诉。大臣比周，蔽上为一，阴相善而阳相恶，以示无私，相为耳目，以候主隙。(《韩非子》)

译文：

在上古的传说中，在史书的记载里，违犯法律、叛逆作乱而篡权夺位的人，从没有不属于尊贵大臣的。这样一来，法令要防备的，刑罚要惩办的，通常是地位低贱的人，因此百姓感到绝望，无处可去申诉冤屈。大臣相互勾结，串通一气蒙骗君主，暗地里互相要好，表面上相互憎恶，以便表示没有私情。他们互相作为耳目，等待着钻君主的空子。

解读：

一定要有惩制大臣的法律，否则他们就会相互勾结，徇私枉法，钻君主的空子，以便达到自己的目的。

案例：

宗人府：亲贵大臣犯法，也要严厉处置

宗人府：管理皇室宗族事务的机构。(管理皇家事务的)最高长官称宗人

府令（正一品），由宗室王大臣兼领，属官有宗人府丞（正三品）、宗人府理事（正五品）、宗人府副理事（从五品）、宗人府经历（正六品）等。专管皇室内部的事，即称“宗人”，那就是管着所有的皇亲国戚，就如同现在的检察院、审判庭。“宗人”，白话就是同一个血脉的人，就是皇亲国戚。

其现代职能相当于皇家的私人家族管理机构，不光是犯了错，得了功也都是要在宗人府记录的，宗令一般由德高望重的家族领袖担任，也就是世袭亲王。皇帝虽然是国家的皇帝，但他也是家族成员的一分子，而宗令的位置就相当于族长，负责本族事务的处理，包括奖励、惩戒、记录宗族经历和成长、记录家族成员脉络等。比如皇族的人战死，则已死的人的爵位由谁世袭，家人的抚恤，对战死皇族族人的嘉奖，战死人的子弟的教育、生活等，就都是由宗人府办理的。

清代宗人府沿袭明制，设于顺治九年（1652 年）。长官改称宗令，由亲王或郡王内选充。宗令以下设左右宗正、左右宗人、府丞、堂主事等官职。宗人府所属有经历司、左司、右司、银库、黄档房、空房、左右翼宗学、八旗觉罗学等部门，分别职掌收发文件、管理宗室内部诸事、登记黄册红册、圈禁罪犯及教育宗室子弟。

在影视剧中，我们常常听到暴怒的帝王对犯下大错的亲属们说“着宗人府圈禁”。宗人府的一项重要功能，就是惩罚犯下重大错误的皇室成员，皇室对待自己的成员尚且如此，由专门机构惩罚，大臣们则是由吏部专门管理了。这些机构，都是对臣子的制约，除此之外，言官、清议，其实都是针对官员进行约束的。

在现代的管理团队中，一定要有专门的企业或者团队章程，否则就很容易出现拉帮结派的现象，十分不利于团队的整体运作。

原文：

故人臣称伊尹、管仲之功，则背法饰智有资；称比干、子胥之忠而见杀，则疾强谏有辞。夫上称贤明，不称暴乱，不可以取类，若是者禁。君子立法以为是也，今人臣多立其私智以法为非者，是邪以智，过法立智。如是者禁，主之道也。(《韩非子》)

译文：

所以臣子称颂伊尹、管仲的功劳，违法弄智就有了根据；称颂比干、伍子胥的忠贞被杀，急切强谏就有了借口。前者说君主贤明，后者说君主暴乱，不可以拿来类推，像这样的就应禁止。君主立法认为正确的，现在臣子多标榜个人智巧来否定国法，这就是用智巧来肯定奸邪，诋毁法制、标榜智巧。像这样的应予禁止，这是做君主的原则。

解读：

切不可让臣子以古代的某些所谓的忠义能臣作为他们逃避国法的幌子，要知道这些人都是对他们有利之人，依法治理才是正道。

案例：

海瑞：清官不得用的玄机

海瑞一生官声清明，但是官运一直并不亨通；出入官场就得罪人，然后因上《治安书》入狱，几乎被杀；随后，因先皇去世被大赦出狱，任布政司，又在各地巡抚任上不停折腾，还不停地受到排挤。

隆庆三年（1569 年）冬季，都给事中舒化说海瑞迂腐滞缓，不通晓施政的要领，应当用南京清闲的职务安置他，明穆宗还是用嘉奖的语言下诏书鼓励海瑞。不久给事中戴凤翔弹劾海瑞庇护奸民，鱼肉士大夫，沽名乱政，于是海瑞被改任南京粮储。海瑞巡抚吴地才半年，平民百姓听说海瑞解职而去，呼号哭泣于道路，家家绘制海瑞像祭祀他。海瑞要到新任上去，正遇高拱掌握吏部，早就仇恨海瑞，把海瑞的职务合并到南京户部当中，海瑞遂因病引退，回到琼山老家。

海瑞在隆庆四年（1570 年）曾前往福建晋江潘湖黄光升的府邸拜见黄光升，以谢当年营救保护之恩。

万历元年（1573 年），张居正主持国政，也不喜欢海瑞，命令巡按御史考察海瑞。御史到山中审察，海瑞杀鸡做菜招待御史，房屋居舍冷清简陋，御史叹息而去。张居正最终没有任用海瑞，任由中外官员多次推荐，最终也不任用。

终于在万历十二年（1584 年）冬天，张居正去世之后，吏部拟用海瑞为左通政，明神宗朱翊钧向来器重海瑞的名望，万历十三年（1585 年）正月，召海瑞为南京右佥都御史，在赴任的路上改为南京吏部右侍郎，海瑞当时已七十二岁了。

张居正曾经透漏过不任用海瑞的原因，认为他是“沽名钓誉，并无才干”——这句话可以说出了张居正对海瑞的担心与无奈——民间甚至到了凡海瑞离职之处，皆有村民自发哭送，并立长生牌位的事。——也的确因为海瑞的名声，几次海瑞办事过于严苛，皇帝因拘于清议，没有处罚。

在现代的团队当中，要识人善任，同时要避免团队成员身上带有太强的某个已经名声在外的人的特性，因为这些特性，极有可能是他们逃避处罚的借口。

原文:

古者有谚曰:“为政犹沐也，虽有弃发，必为之。”爱弃发之费而忘长发之利，不知权者也。夫弹痤者痛，饮药者苦，为苦惫之故不弹痤饮药，则身不活，病不已矣。(《韩非子》)

译文:

古代有句谚语说:“执政好比洗头一样，即使会有一些头发掉落，仍是必须洗头的。”看重掉头发的损耗而忘记促使头发生长的好处，是不懂得权衡利弊的人。针刺痈疮是痛的，吃药是苦的；因为苦痛就不刺痈和吃药，就救不了命，治不了病。

解读:

这里比喻君主执政好比是洗头发，不能因为掉头发就不洗头，着重强调的是在执政中要权衡利弊，对于一些有损朝政的臣子要痛下杀手。

案例:

扳倒和珅的嘉庆皇帝

颙琰（嘉庆皇帝）当皇子时，被定为储君。和珅密知此事，于乾隆公布嘉庆为皇太子的前一天，送给颙琰一柄如意，暗示自己对嘉庆继位有拥戴之功。嘉庆笑在脸上，恨在心里。但因和珅是乾隆的宠臣，老奸巨滑，朝廷上下各种关系盘根错节，不便动手。嘉庆在乾隆死后短短的十五天里，就对一个被先帝恩宠三十年的“二皇帝”加以惩治，举措得体，干净利落，取得胜利。嘉庆采取的办法是：第一，欲擒故纵：先沿袭乾隆皇帝的老套路，对和珅加官进爵；第二，调虎离山：对和珅进行突然性的调任；第三，突然出击：在和珅大意的时候，惩办和珅的党羽亲信；第四，制造舆论：暗中命各路大臣上奏参奏和珅；第五，惩办和珅：对和珅的惩办，嘉庆既干净利落，又没有落人口实，而是命令和珅自杀；第六，讲求策略：全朝上下，群臣之中，十之八九，都与和珅有牵连，嘉庆皇帝深知这一点，只是惩办和珅，其他人并没有深究下去。

和珅盘踞朝廷、结党营私数十年，乾隆皇帝明知和珅问题严重，但出于自己的考量，还是继续任用乃至宠信和珅。嘉庆皇帝就不同了，他处置和珅时机合理，手段利落，理由正当，一亲政就快刀斩乱麻，处置了和珅，为日后的守成基业奠定了良好的政治基础。甚至有刻薄的历史学家这样评价：“扳倒和珅，是嘉庆作为皇帝一生最大的政绩，也是他最为辉煌的时刻，这种时刻只有一次，他并不像他的先祖们一样，能够创造许多的辉煌，但是有这一次就够了。”

在现代团队当中，如果有下属危害到了整个团队的利益，领导者就要好好考虑，务必在权衡各方利益之后，利落地处理，否则极易为日后埋下巨大隐患。

原文：

夫越虽国富兵强，中国之主皆知无益于己也，曰："非吾所得制也。"今有国者虽地广人众，然而人主壅蔽，大臣专权，是国为越也。智不类越，而不智不类其国，不察其类者也。人之所以谓齐亡者，非地与城亡也，吕氏弗制而田氏用之；所以谓晋亡者，亦非地与城亡也，姬氏不制而六卿专之也。今大臣执柄独断，而上弗知收，是人主不明也。与死人同病者，不可生也；与亡国同事者，不可存也。今袭迹于齐、晋，欲国安存，不可得也。（《韩非子》）

译文：

虽然越国国富兵强，但中原各诸侯国的君主都知道对自己没有什么好处，说："不是我们所能控制的。"现在虽然国家地广人众，然而君主闭塞，大臣专权，这样一来，国家也就变得和越国一样。知道自己的国家与越国不同，却不知道现在连自己的国家也变了样，这是不明察事物的类似性。人们之所以说齐国亡了，并不是指土地和城市丧失了，而是指吕氏不能控制它而为田氏所占有。之所以说晋国亡了，也不是指土地和城市丧失了，而是指姬氏不能控制它而为六卿所把持。现在大臣掌权独断专行，而君主不知收回，这是君主不明智。和死人症状相同，无法救药；和亡国行事相同，无法久存。现在因袭着齐、晋的老路，想要国家安然存在，是不可能的。

解读：

君主对大臣一定要能掌控，如果不能掌控了，就要收回大臣的权力，让自己来做；或者把他的权力分给众多的人，以达到自己能控制的局面。

案例：

宋太祖：杯酒释兵权的掌控之道

建隆二年（961 年）七月初九日晚朝时，宋太祖把石守信等禁军高级将领留下来喝酒。当酒兴正浓的时候，宋太祖突然屏退侍从叹了一口气，给他们讲了一番自己的苦衷，说："我若不是靠你们出力，是到不了这个地位的，为此我从内心念及你们的功德。但做皇帝也太艰难了，还不如做节度使快乐，我整个夜晚都不敢安枕而卧啊！"石守信等人惊骇地忙问其故，宋太祖继续说："这不难知道，我这个皇帝位谁不想要呢？"石守信等人听了知道这话中有话，连忙叩头说："陛下何出此言，现在天命已定，谁还敢有异心呢？"宋太祖说："不然，你们虽然无异心，然而你们部下想要富贵，一旦把黄袍加在你们的身上，你们即使不想当皇帝，到时也身不由己了。"

一席话，软中带硬，这些将领知道已经受到猜疑，弄不好还会引来杀身之祸，一时都惊恐地哭了起来，恳请宋太祖给他们指明一条"可生之途"。宋太祖缓缓说道："人生在世，像白驹过隙那样短促，所以要得到富贵的人，不过是想多聚金钱，多多娱乐，使子孙后代免于贫乏而已。你们不如释去兵权，到地方去，多置良田美宅，为子孙立永远不可动的产业。同时多买些歌儿舞女，日夜饮酒相欢，以终天年，朕同你们再结为婚姻，君臣之间，两无猜疑，上下相安，这样不是很好吗！"石守信等人见宋太祖已把话讲得很明白，再无回旋余地，当时宋太祖已牢牢控制着中央禁军，几个将领别无他法，只得俯首听命，表示感谢太祖恩德。第二天，石守信、高怀德、王审琦、张令铎、赵彦徽等上表声称自己有病，纷纷要求解除兵权，宋太祖欣然同意，让他们罢去禁军职务，到地方任节度使。

"杯酒释兵权"后，宋太祖立即实行了制度改革，进行分权：废除了殿前都点检和侍卫亲军马步军都指挥司。禁军分别由殿前都指挥司、侍卫马军都指挥司和侍卫步军都指挥司，即所谓的"三衙统领"。

在一个团队中，团队首领一定要了解自己的手下，清楚他们的能力以及野心，并及时做好预防工作，把他们的野心控制在不危害整个团队的范围内，如果不在最开始就做好防范，到最后就只好自己吃亏硬扛很多任务了。

原文：

释法禁而听请谒群臣卖官于上，取赏于下，是以利在私家而威在群臣。故民无尽力事主之心，而务为交于上。民好上交，则货财上流，而巧说者用。若是，则有功者愈少。奸臣愈进而材臣退，则主惑而不知所行，民聚而不知所道。(《韩非子》)

译文：

丢掉规矩而单凭技巧，放弃法治而单凭智慧，是使人迷惑混乱的办法。昏君使民众用智巧粉饰自己，是不懂道的缘故，所以劳而无功。放弃法令而听从请托，群臣在上面出卖官爵，从下面取得报酬，所以利益归于私门而权势落于群臣。所以百姓没有尽力侍奉君主的心意，而致力于结交大臣。百姓喜欢结交大臣，财货就向上流入大臣之手而花言巧语的人就被任用。假如形成这种局面，有功的人就越来越少。奸臣越来越得到进用而有才能的臣子遭到斥退，君主就会迷惑而不知道干什么好，百姓聚集起来也不知道往哪儿走。

解读：

君主切不可追求什么技巧、智慧等手段，这些手段只会让大臣学会钻营而失去控制，百姓也会不知何去何从，归根结底要以法来平衡臣子之行。

案例：

北魏：遵从法度发展的游牧朝代

甲寅（初十），北魏宣武帝患病，丁巳（十三日），在式乾殿病故。（宣武帝病逝后）起初高肇专权，他特别忌恨宗室里面有名望的人，太子太傅任城王元澄多次被高肇诋毁、陷害，害怕不能保全自己，就整天纵酒，做一些像疯子一样的举止，朝廷里的重要事务都不参与。等到宣武帝病故，高肇统兵在外，朝廷内外都很不安。于忠和门下省的官员们商议，由于孝明帝年幼，不能亲自执政，建议让太保高阳王元雍住进西柏堂处理各种政务，并且任命任城王元澄为尚书令，总管大小官员，而且上报皇后，请她当即用手书授职。王显一向受宣武帝的宠信，凭借权势滥施淫威，被众人忌恨，他怕不被元澄等人所容纳，就和中常侍孙伏连等人密谋停止门下省的奏议，伪造皇后的命令，任命高肇录尚书事，任命王显和勃海公高猛等人共同作为侍中。于忠等人听到这件事，假借服侍皇上治疗无效的罪名，把王显抓入监牢，下令剥夺他的爵位、官职。王显在被抓时大声喊冤，门卫就用刀环撞击他的腋下，将他送到右卫府，一夜就丧了命。庚申（十六日），朝廷下令批准了门下省的奏议，百官各安己职，听命于二位王爷，朝廷内外都衷心信服。

北魏是游牧民族鲜卑族建立的政权，胡太后深知，想要发展，需要学习汉文化，要用法度治人治国，于是她就制定法度，并严格遵守，并不用什么心眼和智慧之策，所以，听政不到一年，朝廷内外都服从她。

有的时候，规则是最重要的，团队领导虽然能够使用各类智慧和方法，去平衡各个成员之间的关系，但底线是遵守规则，不能触犯这个底线。只有一切在按照规则行事，团队才能维持良好的运作。

原文：

曹恃齐而不听宋，齐攻荆而宋灭曹。邢恃吴而不听齐，越伐吴而齐灭邢。许恃荆而不听魏，荆攻宋而魏灭许。郑恃魏而不听韩，魏攻荆而韩灭郑。今者韩国小而恃大国，主慢而听秦、魏，恃齐、荆为用，而小国愈亡。故恃人不足以广壤，而韩不见也。荆为攻魏而加兵许、鄢，齐攻任、扈而削魏，不足以存郑，而韩弗知也。此皆不明其法禁以治其国，恃外以灭其社稷者也。（《韩非子》）

译文：

曹国倚仗齐国而不服从宋国，齐攻楚时宋灭了曹。邢国倚仗吴国而不服从齐国，越伐吴时齐灭了邢。许国倚仗楚国而不服从魏国，楚攻宋时魏灭了许。郑国倚仗魏国而不服从韩国，魏攻楚时韩灭了郑，现在韩国弱小而倚仗大国，君主忽视法治而服从秦和魏，倚仗齐和楚作维持手段，结果使本就弱小的韩国越发趋于灭亡。所以倚仗别人不足以开拓疆土，而韩国却看不见这一点。楚国为了攻打魏国而用兵许、郡，齐国攻打任、扈而侵夺魏地，这都不足以保存韩国，而韩国却不清楚。这些都是不彰明法令来治理国家，却倚仗外国而导致国家灭亡的例子。

解读：

国家之间的制衡之道是用别国之间的矛盾来达到自己的目的，进而发展强大自己。切不可一切只靠大国的帮助而自己不发展，其结果只能是自取灭亡。

案例：

纵横之策，发展才是硬道理

合纵连横简称“纵横”，为我国战国时期纵横家所宣扬并推行的外交和军事政策。苏秦曾经联合“天下之士合纵相聚于赵而欲攻秦”(《战国策·秦策》)，他游说六国诸侯，要六国联合起来西向抗秦。秦在西方，六国土地南北相连，故称“合纵”。与合纵政策针锋相对的是连横。

张仪曾经游说六国，让六国同奉秦国。战国时期，齐、楚、燕、韩、赵、魏、秦七雄并立。战国中期，齐、秦两国最为强大，东西对峙，互相争取盟国，以图击败对方。其他五国也不甘示弱，与齐、秦两国时而对抗，时而联合。大国间冲突加剧，外交活动也更为频繁，出现了合纵和连横的斗争。

合纵连横的实质是战国时期的各大国为拉拢他国而进行的外交、军事斗争。合纵就是南北纵列的国家联合起来，共同对付强国，阻止齐、秦两国兼并弱国；连横就是秦或齐拉拢一些国家，共同进攻另外一些国家。合纵的目的在于联合许多弱国抵抗一个强国，以防止强国的兼并。连横的目的在于奉一个强国以为靠山从而进攻另外一些弱国，以达到兼并和扩展土地的目的。当时最著名的纵横家除了苏秦、张仪之外，还有公孙衍。

最初，合纵与连横变化无常。公孙衍、张仪、苏秦等人游说于各个国家，合纵既可以对齐，又可以对秦；连横既可以联秦，也可以联齐，这就是所谓的“朝秦暮楚”。后来，因为秦国的势力不断强大起来，成为东方六国的共同威胁，于是合纵成为六国合力抵抗强秦，连横则是六国分别与秦国联盟，以求苟安。秦国的连横活动，目的是破坏六国间的合纵，以便孤立各国，各个击破。

合纵连横，只是六国的一种策略，只是为发展自己争取良好的外部环境，而秦国强大以后，各国也为求苟安，纷纷加入齐国联盟，以偏安一隅，也是为了发展。六国的这些策略，达到了一种巧妙的效果，也发展了自己，不失为良策。

团队之间，竞争激烈，巧妙联合，达到利益的最大化，是十分必要的生存之道，也保持了行业内发展的平衡态势。作为团队的领导者，在带领团队发展的时候，一定要把眼光放在外边，眼观六路，看看其他团队，这样才能更好地调整自己的策略。

纳言卷

第五

原文：

纳言之政，谓为谏诤，所以采众下之谋也。故君有诤臣，父有诤子，当其不义则诤之，将顺其美，匡救其恶。恶不可顺，美不可逆；顺恶逆美，其国必危。夫人君拒谏，则忠臣不敢进其谋，而邪臣专行其政，此为国之害也。故有道之国，危言危行；无道之国，危行言孙，上无所闻，下无所说。故孔子不耻下问，周公不耻下贱，故行成名著，后世以为圣。是以屋漏在下，止之在上，上漏不止，下不可居矣。（《便宜十六策》）

译文：

君主纳言，就是要接受群臣之谏言，吸纳来自下层的智慧。因此，为君者，身边要有敢于谏诤的臣子；为父者，身边要有敢于直言相劝的儿子。当国君或父亲有不正确的言行时，臣下或儿子要直言相劝，维护其美名美德，纠正其缺点错误。绝不宽容其错误，绝不诋毁其美名。容其错，毁其名，国家必遭危难。若君主拒绝谏言，则忠臣不敢进献自己的计策和建议，奸臣就会大行其道，国家就会因此遭殃。所以，在有法度有开明之国，臣下就会直言相谏，一言一行光明磊落；在昏庸无道之国，臣下则言行谨小慎微，君主听不到下面的实情，臣下也不敢如实禀报。孔子能够向位卑者请教，周公能够与百姓结交，最终使其功绩和名声誉满天下，被后人尊为圣贤。这就如同房屋漏雨，漏雨淋湿的是地下，根源却在屋顶上。不堵住屋顶上的漏洞，下面也就无法居住。

解读：

君主身边一定要有些敢谏诤的臣子，以便随时能匡正其行为，这就要求君主不能独断专行，听不进任何意见，而要有宽容的心态，善于纠正自己的错误。

案例：

秦孝公纳谏商鞅：秦帝国的起点

一直以来，秦孝公与商鞅一直被看作一对相互欣赏的野心家，被看作一个期望成就霸业的君主和一个渴望建功立业的臣子。几乎没有人不认为他们之所以能有如此默契的协作，一起缔造了如此强大的大秦，是因为善于倾听、善于采纳意见和善于表达。

有史料明确记载，商鞅见秦孝公前后三次。

一见孝公，谈王道治国。自古以来，人们对治理国家提出了千百种主张，大而言之，形成传统共识的便有王道治国、道家治国、儒家治国、墨家治国、法家治国几种主流。

二见孝公，谈以礼治国。以礼治国被确定为治国模式始于西周王朝，确切地说始于周公。“先君周公制周礼”，鉴于周初社会的动荡和复杂的形势，为了更有效地统治幅员广大的新建国家，在继承“夏礼”“殷礼”的基础上，着手将分散零乱的礼进行编排、修补和厘订，使之系统化、制度化和规范化，但是又没有被一心想实现霸业的秦孝公接受。

三见孝公，谈依法治国。第三次见面，商鞅分析当时战国三大强国魏国、齐国、楚国变法的成功与弊端，从而引出自己的《治秦九论》。公元前356年，商鞅在秦国开始了彻底而系统的改革。土地制度变化了，开阡陌，除井田；治安管理加强了，什伍连坐，互相监督；贵族特权取消了，奖励农耕，生产的粮食多也可以立功，优秀的农民可以扬眉吐气；爵位等级秩序建立了，不分平民贵族，以战功授奖，只要立功多，就可以富甲一方。秦国的军队从此变成虎狼之师。既然杀敌取胜可以带来财富和地位，何乐而不为呢？秦国之外，已无强国。十几年里，“秦民大悦，道不拾遗；山无盗贼，家给人足；民勇于公战，怯于私斗，乡邑大治”。

公元前350年，在商鞅的主持下，秦国迁都咸阳，以郡县制划分行政区域。接着，秦国夺取魏国河西之地，迫使魏国迁都大梁。甚至，那个名义上的皇帝周天子，也要如同诸侯一样向秦国祝贺。商鞅三见秦孝公，秦孝公也三次接见了他，修正了自己对于商鞅的看法，采纳了他的意见，于是普天之下，秦国之外，已无强国。

在现在的管理团队中也是一样，作为团队领导，单单善于听取下属的意见是不够的，还要根据实际情况，不断进行修正，只有这样，团队才能够真正发展。

原文：

贞观十五年，太宗问魏徵曰："比来朝臣都不论事，何也？"徵对曰："陛下虚心采纳，诚宜有言者。然古人云：'未信而谏，则以为谤己；信而不谏，则谓之尸禄。'但人之才器各有不同，懦弱之人，怀忠直而不能言；疏远之人，恐不信而不得言；怀禄之人，虑不便身而不敢言。所以相与缄默，俯仰过日。"太宗曰："诚如卿言。朕每思之，人臣欲谏，辄惧死亡之祸，与夫赴鼎镬、冒白刃，亦何异哉？故忠贞之臣，非不欲竭诚。竭诚者，乃是极难。所以禹拜昌言，岂不为此也！朕今开怀抱，纳谏诤。卿等无劳怖惧，遂不极言。"（《贞观政要》）

译文：

贞观十五年，唐太宗问魏徵："近来朝臣都不议论政事，这是为什么？"魏徵回答说："陛下虚心纳谏，本来应当有话说。然而古人说过：'不被信任的人劝谏，会被认为是毁谤自己；已被信任而不劝谏，就叫作尸禄。'但是人的才能气度，各有不同：胆小怕事的人，心存忠直而不能进谏；被疏远的人，怕不信任而无法进谏；贪恋禄位的人，怕不利于自身而不敢进谏。所以大家沉默不言，应付着混日子。"太宗说："这些现象确实像你所说。我常想，人臣要劝谏，动辄害怕有死亡之祸，这和赴鼎镬被烹杀、冒刀剑被斩杀又有什么两样？因此忠贞的臣子，并非不想竭尽忠诚，竭尽忠诚实在太难了。所以夏禹听了好的意见要拜谢，岂不就是因为这个。我如今敞开胸怀，接受谏诤，你们无须因为害怕而不敢把想说的话说出口。"

解读：

唐太宗可谓驭臣高手，他最主要的手段就是纳谏之风大开，为了使各种人纳谏都没有风险，他敞开胸怀，而且觉得对国家有益的谏诤就去实行。

案例：

汉高祖刘邦：纳谏以成天下

秦朝末年，刘邦率军攻入咸阳，推翻了秦王朝的统治。刘邦进入秦宫后，见宫殿高大雄伟，美女、珠宝不计其数，心中产生了羡慕之情，想全部据为己有。大将樊哙劝刘邦最好不要这样做，刘邦很不高兴。谋士张良对刘邦说：“秦二世之所以不得人心，失去天下，原因就在于他穷奢极欲。现在您刚入秦宫就想像秦二世那样享乐，岂不坏了大事？樊哙的话可是忠言啊！忠言逆耳利于行，良药苦口利于病，您还是听樊哙的劝告吧！”

刘邦听了深有感触，立即采纳了樊哙的意见。接着，刘邦又传令废除秦朝苛法，还约法三章：“杀人者死，伤人及盗抵罪。”刘邦不仅分毫未动秦宫的财宝，而且撤守灞上，深得秦人的拥护，这与后来的项羽火烧阿房宫形成了鲜明的对比。

刘邦之所以能够以弱胜强战胜项羽并取得天下，其中一个很重要的因素就是他虚怀若谷，能诚心接受别人的批评意见，改正自己的错误。这正是个体和组织得以健康成长的重要品德。——由此，我们可以反推一下，要是刘邦当时没有听取张良和樊哙的建议，以后的历史会是怎么样的呢？估计是初得天下，然后骄奢淫逸，随后像秦朝一样而亡吧！

纵观整个刘邦的个人历史，其实刘邦并不算一个“绅士”和“贵族”，相反，他在很多问题上是睚眦必报的，并没有那么宽宏，但是唯有在纳谏和求才这两件事情上，胸怀十分宽广。

在现代的管理团队当中，即使是一个个人风格非常鲜明的领导，善于吸纳别人的意见也是非常重要的，并且要一以贯之，让团队成员放心：向团队领导进言，是没有风险的，只有这样，团队才能健康运转。

原文：

听不参，则无以责下；言不督乎用，则邪说当上。言之为物也以多信，不然之物，十从云疑，百人然乎，千人不可解也。(《韩非子》)

译文：

君主听话不进行检验，就无法责求臣下；不考察言论是否有用，臣下就会用邪说迎合君主。言语这种东西，重复得多了，容易使人信以为真。对本不真实的东西，听十个人说，自己就会产生疑惑；听一百个人说，自己就会倾向于相信；听一千个人说，自己就会确信不疑了。

解读：

君主善于听取臣下的意见是好的，但是如果听了不加分辨就是错的。因为臣下的意见不见得都是对的，特别是许多臣下都坚持错误的意见时，就更要加以分辨了。

案例：

隋炀帝："纳谏"佞臣而国灭的君王

纵观隋炀帝的一生，其实功绩并不亚于过失，他在政治、军事、文化上都有建树，甚至个人也有文笔斐然的作品流传，但他还是被各本史书和文学作品刻画为千古难遇的大暴君。究其原因，其实就在于以下几点。炀帝听从云定兴建议毒死杨勇诸子，剪除了对帝位的威胁；处死了隋朝功臣宇文弼、贺若弼、高颎等人；在国力明显不够强盛的情况下，先后调发河南、淮北、淮南、河北、江南诸郡的农民和士兵三百多万人；大业三年和四年在榆林（今内蒙古托克托西南）以东修长城，两次调发丁男一百二十万，役死者过半；总计十余年间被征发扰动的农民不下一千万人次，平均每户就役者一人以上，造成“天下死于役”的惨象；在平定突厥与蒙古诸部盟叛乱后，在每年的少数民族与外国客商到洛阳时，为了显示所谓的“天朝国威”，命人在洛阳端门外大街上盛陈百戏散乐，戏场绵亘八里，动用歌伎近三万人，乐声传数十里外；西域商人要到市上交易，炀帝就下令盛饰市容，装璜店肆，房檐一律珍货充积，连卖菜的都要垫以龙须席；当这些商人从酒店饭馆前经过时，都要请他们就坐用餐，并说“中国丰饶，酒食例不取直（值）”，还将市上树木缠以丝织品做装饰，以至于有些外国商人都说“中国亦有贫者，衣不盖形，何如以此物与之！缠树何为”；多次远途征战，耗费国力和民财，如征讨高句丽与上文提到的突厥与蒙古诸部盟。凡此种种之后，隋末民变四起，终于，虎贲郎将元礼等，与直阁裴虔通共谋，利用卫士们思念家乡的怨恨情绪，推宇文述的儿子宇文化及为首，发动兵变，叛军逼缢隋炀帝，其时年五十岁。

隋炀帝其实是个善于听取臣子意见的人，他的为政举措，大多来自大臣们。例如，云定兴建议毒死杨勇诸子，剪除了对帝位的威胁，处死了隋朝功臣宇文弼、贺若弼、高颎等人，开凿运河，等等。但是，隋炀帝一味听取臣子意见，并没有进行辨别，忽略了刚刚建国不久、国立不稳的客观事实，最终导致隋朝像秦王朝一样，二世而亡，不能不说，是一个“善于纳谏”的著名范例。

在现代的管理团队中也是这样，对于团队成员提出的意见和建议，作为团队的领导，要虚心听完，但是要加以分辨后再予以实施，否则极易造成不良后果。

原文：

讷者言之疑，辩者言之信。奸之食上也，取资乎众，籍信乎辩，而以类饰其私。人主不餍忿而待合参，其势资下也。（《韩非子》）

译文：

口才笨拙的人说的话使人心疑，善于辩说的人说的话使人信任。奸臣危害君主，得力于人多；凭借辩说而取得信任，用类似的事例来掩饰奸私。君主不盛怒斥责而等待参验，势必会助长臣下行奸。

解读：

一定要防范臣下善于辩说的人，他们可能就是奸臣的党羽，受奸人主使，并在下面全力赞同，如果君主不斥责此种行为，就是助纣为虐也。

案例：

秦二世胡亥：听从奸臣巧言，最终二世亡国

秦二世胡亥当政期间，最著名的两大巧嘴，一个是赵高，一个是李斯，在他们二人的“建议”乃至挟持之下，胡亥不断地“加强皇权”。一、残害手足。胡亥登上帝位之前就害死了自己的长兄扶苏。赵高、李斯一起伪造了诏书送到在北面边境戍守的扶苏和蒙恬处。假诏书斥责扶苏和蒙恬戍边十几年，不但没立战功，相反还屡次上书肆意非议朝政；扶苏更是对不能回咸阳做太

子而耿耿于怀、怨恨不已，所以对扶苏赐剑自刎；蒙恬对扶苏的行为不进行劝说，实为对皇帝不忠，也令自尽。扶苏听了诏书，流着泪想要自刎，蒙恬毕竟比他有些经验，劝他向皇上申诉，如果属实再自刎也不晚，但扶苏却说："父皇让我死，还有什么可申诉的呢？"说完含泪自尽。而蒙恬却据理力争，不肯自裁，使者见他不听从诏命，就将他投入阳周（陕西子长北）的监狱里。胡亥做皇帝后，对其他众多的兄弟姐妹更是残忍有加，毫无人性。胡亥屠杀自己兄弟最残忍的是在咸阳市（市即古代城市中的商业区）将十二个兄弟处死。另一次在杜邮（今陕西咸阳东）又将六个兄弟和十个姐妹碾死，刑场惨不忍睹。二、陷害大臣。残害了许多朝中的大臣，赵高还不满足，又寻找机会唆使胡亥对地方官吏也下毒手。在胡亥即位的第二年，即公元前209年年初，胡亥效法自己的父亲秦始皇，也巡游天下。南到会稽（浙江绍兴），北到碣石（河北昌黎北），最后从辽东（辽宁辽阳）返回咸阳。在巡游途中，赵高阴险地对胡亥说："陛下这次巡游天下，应该趁机树立自己的威信，把那些不听从的官吏诛杀了，这样您才能有至高无上的威信。"胡亥不问青红皂白，就连连下令诛杀异己，结果弄得大臣们惶恐不安。赵高实际上把年轻的胡亥当成了扩张自己权势的工具。胡亥坐上帝王宝座之后，一心想享乐一生。有一次他对赵高说："人这一生就如白驹过隙，做了皇帝，我想尽心享乐，爱卿你看呢？"这正合赵高心意，从此讨好胡亥享乐，自己更大胆地专权。——最终，连李斯也被处死。最后，秦二世胡亥将朝政交给能言善辩的赵高，自己放手享乐，造成了秦朝末年的农民大起义，最终被迫自杀。

按照一般的"纳谏"意义来说，秦二世胡亥算是能够听从臣子建议的了，但是他致命的失误就在于过分听信能言善辩的赵高与李斯的所谓"进谏"，以至于没能分辨二人的忠奸。

在现代的团队中也是一样的道理，领导大开言路之后，不要仅仅沉迷于进谏数量的增加，还要格外防范进谏的人中那些十分能言善辩的人，否则极有可能招致祸患。

原文：

有道之主听言，督其用，课其功，功课而赏罚生焉，故无用之辩不留朝。任事者知不足以治职，则放官收。说大而夸则穷端，故奸得而怒。无故而不当为诬，诬而罪臣。言必有报，说必责用也，故朋党之言不上闻。凡听之道，人臣忠论以闻奸，博论以内一，人主不智则奸得资。（《韩非子》）

译文：

懂得治国道理的君主在听取臣下的话时，会督察它的作用，考核它的功效。根据功效来确定赏罚，所以无用的辩说不会留于朝廷之内。担任公职办事的人，如果智慧不足以胜任，就罢官。对说话大而不当、浮夸不实的，要追根究底，这样就能察觉坏人并严加斥责。无故而言行不符，就是行骗；臣下行骗，就要治罪。对臣下的言论一定要采取对应措施，对臣下的主张一定要求带来效用，所以朋党的观点就不敢对君主陈说。听言的方法，总是要让臣下老实地谈论，君主可以从中了解奸情；总是要让臣下广泛地议论，君主得以采纳一种意见。君主如果不明智，坏人就会钻空子。

解读：

怎么辨别臣子进谏的是对是错呢？这就要督察它的作用，考核它的功效，以此来赏罚臣子，并可以从中了解奸情。

案例：

康熙大帝与图海将军：明察与效忠

图海以文武之才、办事干练任职，卓有成效，而得到青年天子康熙帝的信任。但他也并非事事精明、考虑周全。在三藩撤留的重大问题上他曾提出了错误的主张。三藩即为清朝统一全国立了汗马功劳的三个藩王：平西王吴三桂、平南王尚可喜、靖南王耿精忠。他们在战争中扩展势力，各拥重兵，跋扈一方并互通声息，形成尾大不掉之势，严重威胁着清朝的统治。对此，精明有为的康熙帝早已不能容忍，坚决主张撤藩。面对吴三桂等人的嚣张气焰，廷臣感到问题棘手，多数人认为撤藩令下，吴三桂等必借口反叛，局势将难以收拾，所以撤藩不利，图海极力主张“断不可迁移”。只有户部尚书米思翰、兵部尚书明珠与刑部尚书莫洛等少数人力主撤迁。两种意见相持不下。最后，康熙帝当机立断，否定图海等人意见，支持少数人主张。

在如何对待三藩的问题上，身居显位的图海确实没有提出正确的意见，但康熙帝并不怪罪他。三藩之乱爆发不久，图海便“以病请解阁务”，康熙帝不允其请，加以“慰留”。当时平叛战争中运送兵饷是个必须周全安排的大问题，康熙帝以“筹饷需才”，特命图海兼管户部事务，督理清兵饷运。图海不负使命，他洞察饷运存在的问题后，于康熙十四年（1675 年）三月上疏：“近来供应大兵，恐有派累民间，虽屡奉上谕禁止，有司未能实心奉行，应敕督抚严禁。一应军需不得私派，夫役不得先期拘禁，征收钱粮正项外，不得丝毫科敛。民间词讼除重情速审速结外，其余户婚细事，不得乱准，牵累无辜。并禁衙蠹作奸指公需索，土豪恶棍鱼肉善良。庶几安居乐业，民不知兵。”这是一项针对实际情况解决问题、安定社会的好建议。康熙帝阅后立即下旨：“是。命速行通饬。”

对图海建议的否定与采纳上，又一次显示了康熙皇帝的用人智慧：面对大臣的进谏，一定会结合实际的情况和效果进行考量，然后酌情采纳，也并不因为臣子没有提出正确的意见与建议就惩罚。康熙的明察，换得的是图海的忠心耿耿。

在现代的团队管理中也是一样，面对下属的建议，领导者一定要结合实际效果来评估是否合理。不能一味采纳。

原文：

明主之道，己喜，则求其所纳；己怒，则察其所构；论于已变之后，以得毁誉公私之征。众谏以效智故，使君自取一以避罪，故众之谏也败。君之取也，无副言于上以设将然，今符言于后以知谩诚语。明主之道，臣不得两谏，必任其一语；不得擅行，必合其参，故奸无道进矣。（《韩非子》）

译文：

明君听言的原则是，对于使自己高兴的话，就要求兑现；对于使自己恼怒的话，就追究根源；等到情况有了发展变化之后再下结论，以便获取臣下是诽谤还是赞扬、是为公还是为私的真凭实据。采用几种说法进谏来玩弄智巧，诱使君主自己从中采取一种意见来逃避罪责；所以让臣子同时进谏几种说法是不可行的。君主所取的，是不要让臣下在一种意见之外又附加另一种意见，企图摆出一种“可能”“或许”的圈套；而应使谏言跟以后的事实相符合，据此准确判明谏言的诚实与欺诈。明君所要采用的方略是，绝对不容许臣下做模棱两可的进谏，一定要他们挑出一种；绝不容许他们妄自行动，一定要就其言求其功，这样奸臣的进路就给堵死了。

解读：

听取大臣的言论时，君主不要喜怒形于色，一定要让其言出必行，行必有功，这样奸臣就不敢进谏无用之言了。

案例：

孟尝君：善用所谓的“鸡鸣狗盗”之辈

有一次，孟尝君率领众宾客出使秦国。秦昭王将他留下，想让他当相国。孟尝君不敢得罪秦昭王，只好留下来。不久，大臣们劝秦王说：“留下孟尝君对秦国是不利的，他出身王族，在齐国有封地，有家人，怎么会真心为秦国办事呢？”秦昭王觉得有理，便改变了主意，把孟尝君和他的手下人软禁起来，只等找个借口杀掉。秦昭王有个最受宠爱的妃子，只要妃子说一，昭王绝不说二。孟尝君派人去求她救助。妃子答应了，条件是拿齐国那一件天下无双的狐白裘（用白色狐腋的皮毛做成的皮衣）做报酬。这可叫孟尝君作难了，因为刚到秦国，他便把这件狐白裘献给了秦昭王。就在这时候，有一个门客说：“我能把狐白裘找来！”说完就走了。

原来这个门客最善于钻狗洞偷东西。他先摸清情况，知道昭王特别喜爱那件狐裘，一时舍不得穿，放在宫中的精品贮藏室里。他便借着月光，逃过巡逻人的眼睛，轻易地钻进贮藏室把狐裘偷出来。妃子见到狐白裘高兴极了，想方设法说服秦昭王放弃了杀孟尝君的念头，并准备过两天为他饯行，送他回齐国。孟尝君可不敢再等两天，他害怕秦王反悔，立即率领手下人连夜偷偷骑马向东快奔。当时走的是秦国的东大门，正是半夜。按秦国法规，函谷关每天鸡叫才开门，半夜时候，鸡怎么可能叫呢？大家正犯愁时，只听见几声“喔、喔、喔”的雄鸡啼鸣，接着，城关外的雄鸡都打鸣了。原来，孟尝君的另一个门客会学鸡叫，而鸡是只要听到第一声啼叫就立刻会跟着叫起来的。守关的士兵虽然觉得奇怪，怎么还没睡踏实就鸡叫了呢？但也只得按照规定起来打开关门，放他们出去。

一直以来，史学家对孟尝君善用鸡鸣狗盗之徒表示的都是鄙视，其实，这里面也掩藏着孟尝君的用人智慧：凡是能够为自己办事的，只管让他去办，办成了奖励就好了，这才是一个能够成大事的人应有的用人态度。

在领导团队完成任务的时候也是一样：手下说了什么并不重要，只要不越过基本的法律底线，他的手段也不重要，做成事情才是重要的，只有这样，那些只会能言善辩的人才能够闭嘴，实干的成员才能够崭露头角，团队也才能健康发展。

原文:

贞观五年，太宗谓房玄龄等曰:“自古帝王多任情喜怒，喜则滥赏无功，怒则滥杀无罪。是以天下丧乱，莫不由此。朕今夙夜未尝不以此为心，恒欲公等尽情极谏。公等亦须受人谏语，岂得以人言不同己意，便即护短不纳?若不能受谏，安能谏人？”(《贞观政要》)

译文:

贞观五年，唐太宗对房玄龄等人说:“自古以来，帝王大都由着自己的性子高兴或发怒。高兴的时候就胡乱赏赐，功过不分；发怒时就任意杀戮，是非不明。天下大乱，一般都是因为肆意妄为造成的。因此我非常警觉，无论白天黑夜，无不铭刻在心，希望各位大臣永远都能够对我的缺点大胆地提出批评。同时，你们也应当接受别人的批评意见。切不可因为别人的意见和自己不一致就不承认、不采纳。如果一个人不接受别人的批评，那他又怎么能去批评别人呢？”

解读:

不只是君主要善于接受批评的意见，就是大臣之间，君主也要提倡接受批评的意见，否则都坚持自己的意见，容易发生争吵，使谏诤之事变成吵架了。

案例：

贞观名臣辈出和太宗的用人之道

唐太宗当政时期，大唐的朝堂上名臣辈出，甚至还在凌烟阁画了二十四位功臣的画像，以供缅怀追思。要知道，这二十四位功臣虽然是人人都十分优秀，才华横溢，但他们也都是很有个性的人，能够调和他们，使他们相互接受不同人的批评，然后在一起批评朝政，这可不是一件容易的事情。

鄂公尉迟敬德第七。原为刘武周部将，刘武周灭亡后投降李世民。起初不被众将信任，几乎被处死，但李世民坚持起用他。唐郑决战时有单骑救主之功，得以稳固地位，此后以勇将身份参与李世民历次战役。玄武门之变的主要角色，亲手杀死齐王李元吉，拥立之功第一。突厥倾国进犯时以骑兵迎击取胜。天下安定后无用武之地，晚年闭门不出，最终得享天年，谥曰忠武。

卫公李靖第八。是“使功不如使过”的典型，曾试图揭发李渊谋反，因此几乎被李渊处死，幸而为李世民所救。后来戴罪立功，协助李孝恭经营巴蜀、灭萧铣、辅公祏，被李渊评价为“萧、辅之膏肓”。未参加玄武门之变。贞观年间负责抵御突厥，成功地消灭突厥政权，战功无人可及，贞观三年（629 年）率三千铁骑夜袭颉利可汗的牙帐所在地定襄，斩义成公主，俘虏颉利可汗，东突厥自此平定，获封代国公。后来又挂帅出征，消灭吐谷浑势力。屡次被诬告谋反，为免嫌疑，主动退休闭门不出，谥曰景武。

这两位都是太宗帐下著名的武将，在晚年也多次被参奏谋反，甚至有很多次是魏徵参奏的，但是太宗丝毫没有怀疑他们，而是让他们在家休养，并一直厚待他们，又多次带着参奏他们的大臣一同去看望他们，以此消除大臣之间的芥蒂——这就体现了太宗高明的用人之道：理解文臣替自己担忧武人造反，就让武人在家休养，理解武将的愤懑，就厚待他们，并经常和文臣一起去看望他们。这样，文武大臣就都打消了疑虑，齐心协力，只为朝廷出力了。

在团队的协作中也是一样的道理。作为领导者，也要提倡团队成员之间相互倾听反对意见，并做好调和工作，只有这样，才能使提意见真正地变成提意见，而不是沦为吵架。

原文:

太宗有一骏马，特爱之，恒于宫中养饲，无病而暴死。太宗怒养马宫人，将杀之。皇后谏曰:“昔齐景公以马死杀人，晏子请数其罪云:‘尔养马而死，尔罪一也。使公以马杀人，百姓闻之，必怨吾君，尔罪二也。诸侯闻之，必轻吾国，尔罪三也。’公乃释罪。陛下尝读书见此事，岂忘之邪？”太宗意乃解。又谓房玄龄曰:“皇后庶事相启沃，极有利益尔。”(《贞观政要》)

译文:

唐太宗有一匹好马，特别喜爱它，常在宫里饲养，有一天这匹马没有生病却突然死掉了。太宗对养马的宫人很生气，要杀掉他。长孙皇后劝谏说:“从前齐景公因为马死了要杀人，晏子请求数说养马人的罪状:‘你养的马死了，这是你第一条罪。让国君因马杀人，百姓知道了，必定怨恨我们国君，这是你第二条罪。诸侯知道了，必定轻视我们齐国，这是你第三条罪。’齐景公听后便赦免了养马人的罪。陛下曾经读书读到过这件事情，难道忘记了吗？”太宗听了这话才平下气来。他又对房玄龄说:“皇后在很多事情上启发帮助我，对我很有好处。”

解读:

对于君主来说，纳谏的人员范围不要仅限于臣子，最亲近的妻儿也可以谏诤，当然这些谏诤要仔细分辨，看是不是对国家有用。

案例：

长孙皇后和太宗：伉俪情深，进谏兴国

贞观六年（632年），长乐公主将要出嫁，因公主是长孙皇后的亲生女儿，唐太宗十分宠爱，便下令有关部门用比自己姐姐永嘉长公主多一倍的嫁妆，作为长乐公主的陪嫁。谏议大夫魏徵当朝劝谏道："昔日汉明帝想加封自己的儿子，便对臣下说：'我的儿子怎能与先帝的儿子相比？我给他的封地和俸禄户数只能是先帝儿子的一半。'后来这事被传为美谈。永嘉长公主是太上皇之女、陛下之姊，辈份尊于长乐公主，现在陛下资送长乐公主的嫁妆却比长公主的多一倍，虽然陛下对长乐公主的情感与长公主比有差别，但礼仪却不能有差别，陛下这样的做法不合礼仪，与汉明帝的做法相比差得太远了。"魏徵的犯颜直谏，虽然让李世民心里不痛快，但还是被接受了。

回到后宫，唐太宗把这件不愉快的事告诉了长孙皇后，皇后感叹道："妾往日听说陛下器重魏徵，却不知其原因。今听其谏言，他是在以礼仪抑制陛下的以感情用事，这才是正直的社稷之臣所为啊！妾与陛下为结发夫妻，承蒙礼待，情义深重。而妾每与陛下讲话，尚要察颜观色，不敢轻犯陛下的威严；况且是臣下情疏礼隔，所以连韩非子都说这样做很难，东方朔也说不容易，而魏徵却做到了。这样的贤臣，实在太难得了。"皇后又说："古人云：忠言逆于耳而利于行。这对于治理国家者是当务之急。纳忠言则天下安宁，拒忠言则政权崩乱，妾真诚地希望陛下能仔细考虑古人说的这个道理，则天下甚幸。"随后，长孙皇后派内使至魏徵府邸，赐钱四百缗，绢四百匹，以表彰魏徵的犯颜直谏，并由内使传话魏徵："闻公正直，乃今见之，故以相赏。公宜常秉此心，勿转移也。"（见《资治通鉴·唐纪十》）魏徵十分感动，即回书皇后，表示："为大唐江山，当尽绵薄之力。"长孙皇后非常明白，像魏徵这样敢于犯颜直谏的贤臣，是太宗不可缺少的臂膀，一定要善加保护，所以她积极向皇上进谏，并身体力行，太宗皇帝也根据实际情况采纳了长孙皇后的建议。

其实，对于团队操作中所存在的疏忽和误区，有一类人看得十分清楚，也能够一阵见血指出症结，那就是自己的妻子儿女，作为团队领导，对于他们的建议，要适当听取。——当然，是在落实了实在是切合团队情况的状态下。

原文:

贞观八年，陕县丞皇甫德参上书忤旨，太宗以为讪谤。侍中魏徵进言曰:“昔贾谊当汉文帝上书云云‘可为痛哭者一，可为长叹息者六’。自古上书，率多激切。若不激切，则不能起人主之心。激切即似讪谤，惟陛下详其可否。”太宗曰:“非公无能道此者。”令赐德参帛二十段。(《贞观政要》)

译文:

贞观八年，陕县丞皇甫德参上书触怒了唐太宗，太宗认为这是毁谤。侍中魏徵进言道:“从前贾谊在汉文帝时上书，曾说‘可以为帝王痛哭的事有一件，可以为帝王长叹息的事有六件’。从古以来上书奏事，往往言辞很激切，如果不激切，就不能打动人主的心。言辞激切就近似毁谤，希望陛下仔细详察我的话对不对。”太宗说:“只有你能讲这样中肯的话。”于是下令赏赐给皇甫德参帛二十段。

解读:

对于大臣言辞特别激切的进谏，不要急于动怒，要看他讲得是不是中肯。如果急于动怒，就会关闭大臣进谏之门，以后谁还敢直谏呢?

案例：

汲黯之贬黜与大汉的逐渐衰微

汲黯（？—前112年），西汉名臣。字长孺，濮阳（今河南濮阳）人。景帝时因为父亲的原因任太子洗马。武帝初为谒者，后来出京做官为东海太守，有政绩。被召为主爵都尉，列于九卿。汲黯为人耿直，好直谏廷诤，武帝称为“社稷之臣”。主张与匈奴和亲。后犯小罪免官，居田园数年，召拜淮阳太守，卒于任上。

就在汲黯任主爵都尉而位列九卿的时候，王太后的弟弟武安侯田蚡做了宰相。年俸中二千石的高官来谒见时都行跪拜之礼，田蚡竟然不予还礼。

而汲黯求见田蚡时从不下拜，经常向他拱手作揖完事。这时皇上正在招揽文学之士和崇奉儒学的儒生，说我想要如何如何，汲黯便答道：“陛下心里欲望很多，只在表面上施行仁义，怎么能真正仿效唐尧虞舜的政绩呢！”皇上沉默不语，心中恼怒，脸一变就罢朝了，公卿大臣都为汲黯惊恐担心。皇上退朝后，对身边的近臣说：“太过分了，汲黯太愚直！”群臣中有人责怪汲黯，汲黯说：“天子设置公卿百官这些辅佐之臣，难道是让他们一味屈从取容、阿谀奉迎，将君主陷于违背正道的窘境吗？何况我已身居九卿之位，纵然爱惜自己的生命，但要是损害了朝廷大事，那可怎么办！”

汲黯多病，而且已抱病三月之久，皇上多次恩准他休假养病，他的病体却始终不愈。最后一次病得很厉害，庄助替他请假，皇上问道：“汲黯这个人怎么样？”庄助说：“让汲黯当官执事，没有过人之处。然而他能辅佐年少的君主，坚守已成的事业，以利诱之他不会来，以威驱之他不会去，即使有人自称像孟贲、夏育一样勇武非常，也不能撼夺他的志节。”皇上说：“是的。古代有所谓安邦保国的忠臣，像汲黯就很近似他们了。”

在这一阶段，汉武帝虽然经常因为汲黯的多次犯颜直谏而恼怒，但是都没有真正处罚过他，反而将他与治国安邦的古代名臣相比，所以，这一时期，汉武帝朝中，就有敢于诤谏的臣子，如灌夫、郑当时和宗正刘弃等人，但到了后来，好大喜功的汉武帝渐渐听不进不同的意见，因为一点小事罢黜了汲黯，巧合的是，就此，大汉帝国开始走下坡路。

在自己的团队中，要是有出现了言辞特别激烈的意见，一定不能怕面子上难堪，不能一味打压了事，这样的话，就没有人敢开口了。

原文:

贞观十五年，遣使诣西域立叶护可汗，未还，又令人多赍金帛，历诸国市马。魏徵谏曰:“今发使以立可汗为名，可汗未定立，即诣诸国市马，彼必以为意在市马，不为专立可汗。可汗得立，则不甚怀恩，不得立，则生深怨。诸蕃闻之，且不重中国。但使彼国安宁，则诸国之马，不求自至。昔汉文帝有献千里马者，曰:‘吾吉行日三十，凶行日五十，鸾舆在前，属车在后，吾独乘千里马，将安之乎？’乃偿其道里所费而返之。又光武有献千里马及宝剑者，马以驾鼓车，剑以赐骑士。今陛下凡所施为，皆邈过三王之上，奈何至此欲为孝文、光武之下乎？又魏文帝求市西域大珠，苏则曰:‘若陛下惠及四海，则不求自至，求而得之，不足贵也。’陛下纵不能慕汉文之高行，可不畏苏则之正言耶？”太宗遽令止之。(《贞观政要》)

译文:

贞观十五年，太宗派遣使者到西域封立叶护可汗，使者还没有回来，太宗又令人携带大量金帛到西域各国去买马。魏徵劝谏说:“现在派遣的使者是以封立可汗为名义的，可汗尚未封立，就到各国去买马。突厥人一定认为我们的目的是买马，而不是专程去封立可汗。这样，可汗虽然被封立了，他也不会对陛下感恩；立不成的话，就会产生很深的怨恨。西域各国听说这件事，也会看不起中国。只要能使西域各国安定，那么各国的好马用不着去买，就会自动送上门来。从前汉文帝时，有人献千里马。文帝说:‘我巡幸时每天行进三十里，打仗时每天行进五十里，仪仗走在我的前面，副车跟在我的后面，我单独骑一匹千里马，能走到哪里去呢？’于是给了献马人一些路费，让他回去了。汉光武帝时，有人献千里马和宝剑，光武帝让千里马拉装载战鼓的车，宝剑赐给手下的骑士。今天陛下的所作所为，远远超过夏禹、商汤和周文王、周武王，怎么在这件事情上的见识，还不如汉文帝、汉光武帝呢？魏文帝曾打算买西域的大珍珠，苏则劝谏说：‘如果陛下的恩惠遍布四海，这些东西不用追求，自然会到来。能买得到的东西，就不足珍贵了。’陛下纵使不仰慕汉文帝的崇高德行，难道也不畏惧苏则的正直议论吗？”于是，太宗立即下令停止买马。

解读：

对于进谏之言，君主还要强制自己心中的欲望，因为自己是一国之君，时刻要为国家考虑，切不可以国家之事满足私欲。

案例：

克制欲望的君主：楚庄王谢宴

欲望人人都有，君主也是最普通的人，他们也有非常私人的欲求，但是，有的君主就是能够克制自己的欲望，甚至面对臣子的“劝谏”之言时，也能如此。

春秋五霸之一的楚庄王，就是一个能主动隔绝欲望对象的典型例子。有一次，令尹子佩请楚庄王赴宴，他爽快地答应了。子佩在京台将宴会准备就绪，就是不见楚庄王驾临。第二天子佩拜见楚庄王，询问不来赴宴的原因。楚庄王对他说：“我听说你在京台摆下盛宴。京台这地方，向南可以看见料山，脚下正对着方皇之水，左面是长江，右边是淮河，到了那里，人会快活得忘记了死的痛苦。像我这样德行浅薄的人，难以承受如此的快乐。我怕自己会沉迷于此，流连忘返，耽误治理国家的大事，所以改变初衷，决定不来赴宴了。”

楚庄王不去京台赴宴，是为了克制自己享乐的欲望。由于楚庄王能注意与欲望对象保持一定距离，所以他才能在登基后，“三年不鸣，一鸣惊人；三年不飞，一飞冲天”，成为一个治国有方的君王。

面对臣子的邀约，楚庄王一开始的时候答应了参加宴席，就表明，他其实是十分想去享受一下美食美酒和清闲的时光的，但是后来他又没有去赴宴，并给子佩讲清楚自己爽约的原因：自己要做一个强国之君，就要克制自己的欲望。

在团队运行的过程中也是同理。团队领袖们千万要克制自己的欲望，尤其是要在制定决策的时候克制自己的欲望，只有这样才能够做到不因私废公。

原文：

贞观十七年，太子右庶子高季辅上疏陈得失。特赐钟乳一剂，谓曰："卿进药石之言，故以药石相报。"（《贞观政要》）

译文：

贞观十七年，太子右庶子高季辅上书评论朝政得失。太宗特意赐给他钟乳石剂，对他说："你向我进献药石一样的谏言，所以我也拿药石来报答你。"

解读：

对于敢于进谏的大臣，也要时时加以奖励，这样传扬出去，人们就会以他为榜样，进谏有用之言。

案例：

齐威王：奖励进谏，国家清平

西周王朝灭亡以后，中国的历史进入春秋战国时期，大动荡是当时社会的基本现象。整个春秋时期，始终存在奴隶主贵族和被统治阶级之间尖锐的矛盾斗争，新兴的地主阶级为了战胜奴隶主贵族，增强称雄称霸的实力，互相斗争。

针对当时的情况，孟子说："世道衰微，邪说暴行有作，臣弑其君者有之，子弑父母者有之。"针对当时新兴势力的迅速崛起、传统道德的败坏、旧的秩序难以维持，于是齐威王采取奖励进谏制度。

于是他通告朝野群臣吏民，能当面批评自己过失的，受上等奖赏；能写信批评自己过失的，受中等奖赏；在城市大街上公开批评朝政过失，被自己听到的，即给下等奖赏。

这项措施实行后，开始来王廷进谏的人，门庭若市；数月之后，还经常有人来提批评意见；一年之后，有人虽想批评却想不出还有什么问题没有批评过的，这说明这项制度使齐国政通人和，国家也由此而迅速强盛起来。社会一片安宁，百姓安居乐业。

齐威王为了纳谏，不仅仅在官场上广开言路，连民间的普通百姓都可以面见君主，提出自己的意见和建议，这在古代是十分难以想象的事情，齐威王做到了，并且真的兑现了自己的诺言，奖赏敢于进谏的人，所以才有了最后“有人虽想批评却想不出还有什么问题没有批评过的”局面，才有了齐国的政通人和、百姓安居乐业，这都是奖励进谏的功劳。

在现代的团队协作中，作为团队的领袖，鼓励团队成员直言是必须做的，并且一定要奖励敢于直言的下属。只有这样，才能真正地让团队成员消除疑虑，畅所欲言，也只有团队成员都把想说的说出来，提出对团队的建议，团队才有可能健康运转。

考察卷

第六

原文：

察疑之政，谓察朱紫之色，别宫商之音。故红紫乱朱色，淫声疑正乐。乱生于远，疑生于惑。物有异类，形有同色。白石如玉，愚者宝之；鱼目似珠，愚者取之；狐貉似犬，愚者蓄之；栝蒌似瓜，愚者食之。故赵高指鹿为马，秦王不以为疑；范蠡贡越美女，吴王不以为惑。计疑无定事，事疑无成功。故圣人不可以意说为明，必信夫卜，占其吉凶。（《便宜十六策》）

译文：

所谓察疑，就是明察秋毫，如同能够辨识朱紫，甄别宫商，以防红紫混于朱色，俗乐干扰雅乐。混乱常常产生于远处，猜疑往往源于不明真相。事物有不同种类，但形态或颜色可能相似。由于白石如玉，愚者就视之为宝；鱼眼似珍珠，愚者则取之为贵；狐貉似犬，愚者就将其当家畜饲养；瓜蒌似瓜，愚者就当作瓜果来食用。赵高指鹿为马，秦二世胡亥丝毫没有质疑；范蠡向吴王夫差进献美女，吴王也没对此产生疑问。若对此类计策提出质疑，计策就不会得逞；若对此类事件有所察疑，事情就不会成功。因此，圣贤不把个人意志作为决策的依据，而以天意为准则，进行吉卜定其吉凶。

解读：

作为领导，最主要的工作就是查疑，如果能在事情还没有发生时就发现其问题，那么事情就不会往坏的方面发展，否则就会漏洞百出，大祸临头。

案例：

汉章帝与丁鸿：纳丁鸿谏，平外戚之祸

汉章帝时期，窦太后以及窦氏诸兄弟已经有很大的权力，汉章帝已经觉得他们将来会成为大的祸患，于是想要除掉他们，但又要用着他们。这让汉章帝和忠诚的大臣都十分头痛，不知如何是好，这个时候，服务过前朝的丁鸿上了自己的奏折，折子上说：

“夫坏崖破岩之水，源自涓涓；干云蔽日之木，起于葱青。禁微则易，救末者难，人莫不忽于微细，以致其大。恩不忍诲，义不忍割，去事之后，未然之明镜也。臣愚以为左官外附之臣，依托权门，倾覆谄谀，以者容媚者，宜行一切之诛。间者大将军再出，威振州郡，莫不赋敛吏人，遣使贡献。大将军虽云不受，而物不还主，部署之吏无所畏惮，纵行非法，不伏罪辜，故海内贪猾，竞为奸吏，小民吁嗟，怨气满腹。臣闻天不可以不刚，不刚则三光不明；王不可以不强，不强则宰牧从横。宜因大变，改政匡失，以塞天意。”——奏折的大意是：“能够冲垮高山的洪水，是从涓涓细流开始积累的，遮蔽云彩的大树，总是由树苗成长起来的，臣以为，外戚们有了窦氏家族的依托，行阿谀谄媚之事，成为祸患只是时间问题，所以建议皇上痛下决心，现在就把他们铲除为妙。”

就在丁鸿上折子十几天后，皇帝就下旨派丁鸿任太尉兼卫尉，屯南、北宫。于是，丁鸿就收缴了窦宪大将军印绶，窦宪及窦氏诸兄弟皆自杀。

汉章帝听从了丁鸿的建议，防微杜渐，在仅仅是萌芽状态就解除了窦氏家族的军权，使得他们的青壮年自杀，这不得不说是在怀疑阶段就从萌芽中扼杀将来祸患的好例子。

在现代的管理学中，也是这样，一定要在问题还不是那么严重的时候就尽量处理掉，不然就是为自己的团队以后的发展埋下隐患。

原文：

人君决狱行刑，患其不明。或无罪被辜，或有罪蒙恕；或强者专辞，或弱者侵怨；或直者被枉，或屈者不伸；或有信而见疑，或有忠而被害，此皆招天之逆气，灾暴之患，祸乱之变。惟明君治狱案刑，问其情辞，如不虚不匿，不枉不弊，观其往来，察其进退，听其声响，瞻其看视。形惧声哀，来疾去迟，还顾吁嗟，此怨结之情不得伸也。下瞻盗视，见怯退还，喘息却听，沉吟腹计，语言失度，来迟去速，不敢反顾，此罪人欲自免也。（《便宜十六策》）

译文：

贤明的君主判案量刑时，一定查明实情，确保无虚假，无隐情，不歪曲，不包庇。要细细察看被审对象上堂和退堂以及来去时的行为举止、面目表情，并仔细察听其说话的声音。凡面容恐惧、声音哀怨、升堂时急匆匆上堂、退堂时迟迟不愿离去，并四处观望和叹息不已者，必有隐情冤屈未得到伸张；凡举止畏畏缩缩、不敢抬头正视判官，说话支支吾吾、想半天才说一句，且前言不搭后语，升堂时来得晚，退堂时走得快，且不敢回头看上一眼的人，必是想逃脱罪责的人。

解读：

君主在审理案件时，要善于察颜观色，看清他行事的动机，这样一切奸邪也不会隐瞒。

案例：

慈禧与小白菜杨乃武案：老佛爷的审案智慧

慈禧太后作为清朝后期中国实际的统治者，有着诸多的残暴和奢侈行为，但是，她在杨乃武和小白菜一案上的表现，也的确令人佩服，从效果上看，既安抚了人心，又整顿了吏治。

清同治十二年（1873年）十月，浙江省余杭县余杭镇发生一起命案，豆腐店伙计葛品连暴病身亡。知县刘锡彤怀疑本县举人杨乃武诱奸葛品连之妻毕秀姑，毒毙葛品连，对杨乃武与毕秀姑重刑逼供，断结为“谋夫夺妇”罪，上报杭州府衙和浙江省署。杭州府与浙江省也照原拟断结，上报刑部。后经杨乃武之姐杨淑英二次上京告御状，惊动朝廷中一批主持正义的官员，联名上诉。朝廷下旨，由刑部开棺验尸，才真相大白，冤案昭雪。

此案历时四年有余，官司一路从浙江余杭打到北京的刑部大堂，折子三次递进过内廷，慈禧太后看过后亲自下懿旨重审案件，所以才有了最后的“由刑部开棺验尸”，才有最后的“大清有青天”的平冤昭雪。

这一案件，前后历时三年有余，从清同治十二年（1873年）十月案发，到光绪二年（1876年）审结定案，其间经历三次审结，又三次推翻重审，中间牵扯官员一百二十余人，甚至牵连了晚清名臣翁同龢、左宗棠和几大群臣党派，平冤昭雪后，凡是屈打成招的官员，一律永不录用。杨乃武出狱后，以养蚕种桑为生，民国三年（1914年）患疮疽不治而死，年七十四岁，墓在余杭镇西门外安山村。毕秀姑出狱后，在南门外石门塘准提庵为尼，法名慧定。民国十年（1921年）圆寂，年七十六岁。

在这一案件中，老佛爷慈禧太后起到了决定性的作用，可以说，没有她，本案就没有办法平冤昭雪。有史料记载，是她发现了案件的疑点，并严令刑部审案的时候不许用刑。也是她通过此案发现了江浙官员和湘军派系的争斗，并借由此案，较为彻底地处理了两派官员的党争。

在现代的管理团队中也是这样。在下属出现分歧，需要团队领导做出判断的时候，一定要善于察言观色，弄清楚双方动机。

原文:

明君之于内也，娱其色而不行其谒，不使私请。其于左右也，使其身必责其言，不使益辞。(《韩非子》)

译文:

明君对于宫内的美女，欣赏她们的美色而不理睬她们的禀告，不准因私请求。对于左右近侍，使用他们，一定要严察他们的言论，不准夸大其词。对于父兄和大臣，听取他们的意见，但一定要使他们用受罚担保后果，不许妄荐。

解读:

君主对于身边的人也要严察，因为他们离自己较近，所以就会受到外面人的利用，而使自己受到蛊惑。

案例:

历朝历代宦官专权：不严察身边人的后果

自中国有专职的宦官以来，宦官专权就不断出现，几乎历朝历代都有，所以，基本上每个朝代都有明文规定禁止宦官专权，但是一样防不胜防。最著名的宦官专权的朝代有三个：

东汉、唐、明。

东汉中后期，多由幼主临朝，政权多落入皇太后为首的外戚之中。皇帝成年后，不甘于外戚专权局面，便依靠身边的宦官发动政变，这样，宦官在皇帝支持下形成政治集团而操纵政权。由于宦官没有社会基础，没有政治才干，因而导致政治更加腐败。比较正直的文人官吏和外戚集团起而反对宦官，宦官在皇帝支持下进行反击和镇压，因而导致了党锢之祸，使东汉统治日趋腐败，政局更加混乱。

唐代宦官专权是从唐中期开始的。安史之乱后，宦官因拥立有功而权力增大。后来又直接掌握了兵权，宦官开始有恃无恐地干政，连皇帝也任其摆布。

明代自永乐帝后，宦官权势开始增强。因为明代专制主义中央集权达到顶峰，皇帝为强化权力，而通过宦官在政治、经济、军事等方面进行控制。明代的特务机构，有一部分是由宦官控制的；宦官还控制着一些经济部分；宦官通过充任监军等控制着军事。正因为宦官在政治、经济、军事方面权势极大，所以明代宦官专权的程度和危害也更为严重。王振、汪直、刘瑾、魏忠贤等都是权倾朝野的大宦官。

就出现宦官专权的某一朝代来说，往往是在王朝的中后期。当皇帝感到权臣或地方势力日渐膨胀，皇权受到威胁时，便利用内朝宦官来分割外朝相权，或控制地方势力，宦官逐步操纵军政大权，形成了专权局面。综上所述，在开国初皇权独断的全盛时期，皇帝勤政多才，政治清明时，宦官不可能扮演政治舞台上的重要角色。当皇权受到威胁，皇帝对臣属又深加疑忌，皇帝用宦官来监视、控制朝臣，分割、削夺其权力时，或皇帝年幼，统治阶级内部矛盾激烈时，宦官便应运而起，进而执掌军政大权，形成专权局面。由此可见，宦官专权是皇权旁落、皇权与相权、皇帝与朝臣、中央与地方矛盾斗争的结果，都是皇帝不能很好掌控身边人的表现，加之宦官与外戚或其他大臣不和，情况就更加严重。

在现代的管理团队中，越是能力强、和团队领导亲近的人，就越需要严察，因为越是离得近，就越有可能被外人利用，越有可能影响团队的决策，从而阻碍团队发展。

原文：

其于父兄大臣也，听其言也必使以罚任于后，不令妄举。其于观东玩好也，必令之有所出，不使擅进擅退，不使群臣虞其意。其于德施也，纵禁财，发坟仓，利于民者，必出于君，不使人臣私其德。(《韩非子》)

译文：

对于父兄和大臣，听取他们的意见，但一定要使他们用受罚担保后果，不许妄荐。对于观赏玩乐的东西，一定要在法令上有依据，不准群臣擅自进献或裁减，不让群臣猜度到君主的心意。明君对恩惠的施行，凡是发放国库的财物和官仓的粮食，有利于民众的事，一定要用君主名义，不要让臣下将恩德归于自己。

解读：

君主不要透露自己的喜好，以便让臣子们有机可乘。对于有利于民众的事和恩惠的施行一定要由君主来做，不能让臣子来做。

案例：

丁谓：迎合有“道”的副相

丁谓（966—1037年），字谓之，后更字公言，两浙路苏州府长洲县人。宋真宗大中祥符五年至九年（1012—1016年）任参知政事（次相），天禧三年至乾兴元年（1019—1022年）再任参知政事、枢密使、同中书门下平章事（正相），前后共在相位七年。

其实单就政绩和才智而言，丁谓是个非常优秀的官员，并且自幼天资聪颖，“书过目辄不忘”，几千字的文章，他读一遍便能背诵；为官的时候他安抚边民、治理水利工程、带领民众巧渡黄河，避免了被契丹人杀戮，但是他在历史上评价并不高，甚至被称为“奸邪”，其原因，就在于他太会迎合宋真宗的喜好。

宋真宗赵恒笃信佛道，丁谓极力迎合，以神仙之事启迪皇帝。景德四年（1007年），宋真宗听信王钦若造作“天书”，准备举行泰山封禅等事。不久，王诈称京师、泰山“天书”下降，为此特改元大中祥符。起初，因朝廷内库经费短缺，封禅之事未定。一天，宋真宗问丁谓：“封禅经费有没有问题？”丁谓回答：“经费足够，大计有余。”宋真宗听了便决定封禅泰山，封丁谓为计度泰山路粮草使，负责所有经费。他先以三司名义向朝中内库借银十万两，又命各州献钱贡物，于十月以前集中到泰山下。封禅队伍数千人，浩浩荡荡。封禅结束，又到曲阜祭祀孔子。这次封禅活动，耗费钱财八百余万贯。丁谓曾修编《封禅记》。

宋真宗要在宫城营建玉清昭应宫，左右近臣上疏劝谏。真宗召问，丁谓回答道：“陛下有天下之富，建一宫奉上帝，而且用来祈皇嗣。群臣有沮陛下者，愿以此论之。”从此便无人再敢劝谏。大中祥符二年（1009年），宋真宗命丁谓为修玉清昭应宫使，又加天书挟侍使、总领建造会灵观、玉皇像迎奉使、修景灵宫使、天书仪卫副使，还曾奉旨摹写天书刻玉笈。丁谓做这些事可谓是尽心尽力。

其实，根源还是在于宋真宗，他的喜好太过于外露，并且让丁谓这种人知道，怎么会不抓住机会好好表现呢？由此，我们可以知道，即使是在现代，作为一个团队领导，自己的喜好是不能轻易让下属知晓的，否则，这个空子就太好钻了。

原文：

其于说议也，称誉者所善，毁疵者所恶，必实其能，察其过，不使群臣相为语。其于勇力之士也，军旅之功无逾赏，邑斗之勇无赦罪，不使群臣行私财。(《韩非子》)

译文：

对于议论，称誉者所赞美的人，毁疵者所憎恶的人，一定要去核实他们的才能，查明他们的过失，不让群臣相互吹捧或诽谤。对于有勇力的人，作战立功不破格行赏，私斗犯法不赦免罪过，不让群臣用个人财富收买这些勇士。

解读：

考察群臣要按才能，不能让他们结成朋党。对于勇武的人，要按法制进行管制，不能让他们被臣子所利用，成为臣子的私人打手。

案例：

文武分职：分而治之，专才专用

春秋后期，列国相继出现文武分职，在公元前547年，齐景公即位之初，崔杼策立有功为相，庆封为左相，这是最早的以“相”名官，虽然这时的相还是世袭卿大夫之职，还不能由国君自由任免，但文武分职已经开始发展起来。其间的时间差十分短暂，前后还不到半个世纪，文武分职就开始颇具雏形。

战国时期，各国国君为进一步加强中央集权，逐步削弱世卿的势力，大都采用见功与赏、因能授官的办法委任职官，添设爵位，招徕四方贤能，逐渐形成了一套比较完整的官僚制度。齐、赵、魏、韩等国首先设立了作为“百官之长”的“相”，同时又相继设立了将军之类为武官之首，文武逐渐殊途。

“官分文武，王之二术也”，由此可见，当时就已经有人认识到文武分职的好处了：文武分职，其实是君主控制臣下的重要手段。因为文武分职，大臣权力分散，可以起到相互制约和监督的作用，有效地防范和制止大臣造成的对君上大权的威胁，同时，也适应了当时政治和军事分工的需要，使文才武略各尽其能，不至于再次出现文官临阵不知用兵却一定要出战，武官不懂治国却一定要治理一方的窘态。这样，既能保证君主有效地控制整个国家，又可使文臣武将发挥自己的特长。尤其能够防止文武官员勾结在一起密谋叛乱，更好地维护了国家的长治久安。

在现代的团队管理当中，作为团队领袖，更需要做到考查手下成员的才能，以团队成员的才能来安排他们的职位，同时要各个部门职权分立又相互监督，这样才能有效避免拉帮结派结党营私现象，促进团队高效稳定发展。

原文：

其于诸侯之求索也，法则听之，不法则距之。则谓亡君者，非莫有其国也，而有之者，皆非己有也。令臣以外为制于内，则是君人者亡也。听大国为救亡也，而亡亟于不听，故不听。群臣知不听，则不外诸候，诸候知不听，则不受臣之诬其君矣。(《韩非子》)

译文：

明君对于其他诸侯国的要求，合法的就听从，不合法的就拒绝。所谓亡国之君，并非没了这个国家，而是这个国家的存在全然不归自己所有。让臣下用外力控制国内，就是统治者丧失自己的国家了。为了挽救国家危亡而听从大国，这比不听从亡得更快，所以不去听从。群臣知道君主不听从，就不去同国外诸侯勾结；国外诸侯知道君主不听从，也就不接受臣下诈骗自己君主的胡说了。

解读：

对于外国的要求，要从本国利益出发。如果依从于大国，就会让大臣有勾结外国的可能，这样国家就会被架空了。

案例：

《尼布楚条约》的签订：康熙大帝的主权意识

1689年8月，中俄双方代表集中到中俄交界处的尼布楚城，展开一场针锋相对的外交谈判。8月22日，中国钦差大臣索额图和俄国首席代表戈洛文各带四十名随员和二百六十名卫兵来到谈判地点。谈判地点设在距双方驻地各五里的地方，在那里搭起两座紧连在一起的大帐篷。戈洛文提出以黑龙江为界，河北岸划归俄罗斯帝国，南岸属于中华帝国。索额图根据史实，说明黑龙江两岸一直是中国领土，是俄国强行占领了中国的土地，要求归还尼布楚和雅克萨等地。双方各不相让，谈判进入僵局。

第二天，索额图根据康熙皇帝的意图，提出做出让步，两国以尼布楚为界。但戈洛文仍不接受，还在尼布楚哨卡增派三百名火枪手，进行武力恫吓，并以停止谈判相挟。其实，沙皇方面早就拟订了三种谈判方案：第一方案以黑龙江为界；第二种方案以尼布楚为界；如果前两种方案行不通，则商定日后派代表团再协商解决。因此，戈洛文也担心谈判破裂，无法向沙皇交差。但当中国使团再次做出让步，提出以格尔必齐河为界时，戈洛文还企图索取雅克萨。这时，尼布楚周围的居民由于不堪忍受沙皇的残暴统治，纷纷起义，并要求与清朝使团联合进攻尼布楚。戈洛文发了慌，于是同意中俄边界以额尔古纳河和格尔必齐河为界，再沿外兴安岭向东直到海边。河东岭南归中国，河西岭北归俄国。他们还保证拆毁雅克萨城堡，把军队撤离中国领土。

在《尼布楚条约》签订过程当中，康熙皇帝虽然有所妥协，但始终以中国的主权利益为最根本的底线，拒不出让黑龙江和尼布楚、雅克萨两城，在面对大沙俄武力威胁的时候，仍旧坚持自己最后的底线，最后签订了较为公正的条款，保障了国家的主权，在后来的几十年间，安定了中俄边境。

在现代社会当中，竞争是无可避免的，在面对竞争对手的时候，作为领导，一定要清醒地认识到保持团队独立性的重要性。如果贪图一时的胜负输赢，依附于实力较强的一方，那么自己团队的力量最终是要归强势一方所有的，而自己必然成为“光杆司令”。

原文：

人臣者，非名誉请谒无以进取，非背法专制无以为威，非假于忠信无以不禁，三者，惛主坏法之资也。人主使人臣虽有智能，不得背法而专制；虽有贤行，不得逾功而先劳，虽有忠信，不得释法而不禁：此之谓明法。（《韩非子》）

译文：

做臣子的，不吹捧请托就不能得到更高的官位爵禄，不违法专权就不能建立自己的威势，不假借忠信之名就不能逃脱法禁；这三项，是惑乱君主、败坏法纪的手段。君主要使臣下虽有智慧和才能，也不得违法专权，虽有贤能的行为，也不能在立功之前得到赏赐，虽有忠信的品德，也不能放弃法纪而不加约束；这就叫彰明法度。

解读：

对于大臣采用歪风来行使权力、获得好处，一定要加以明察，这些行为会破坏法制，妨碍君主行使权力，国家风气就会变坏。

案例：

乾隆六下江南：光明下的重重阴影

六下江南，有得有失，有利有害。通过六巡，乾隆帝相当清楚地了解了江南的官风民情，又大兴河工，广蠲赋税，礼遇致仕大臣，培植士子，宣扬了圣恩，对争取缙绅士民、安定江浙、保护百姓的身家性命财产、发展生产、丰富文化、创造和延续“大清全盛之势”，起了积极的促进作用。但是，另一方面，开支确实十分巨大，每次南巡，历时四五个月，随驾当差的官兵一般是三千名左右，需用马六千匹和船四五百只，还有几千名役夫，用掉了上百万银两，给民间带来了极大的骚扰。

最为重要的是，有很多官员和当地望族，在乾隆皇帝下江南的时候，以“进献特产”为名义，大讨皇帝欢心，形成了很不好的风气，著名例子就是“江春徽菜接驾宴”这一徽州菜特殊菜单的形成和演变过程。“江春徽菜接驾宴”全部的菜单，都是根据江春当年接驾时的菜单制作的，共分为以下几部分。茶品部分：徽州锡格子茶传统茶品及其礼俗（内有徽州传统著名极品茶点顶市酥、寸金糖、茯苓饼、交切片和徽州五香茶叶蛋）。早点部分：冰糖炖燕窝。饮品部分：徽州漕溪出的黄山毛峰茶等。果品部分：歙县三潭枇杷、黟县里仁香榧等。食品部分：灵山贡米做成的香米饭、徽州拓粿等。贡品部分：徽州文房四宝盒、徽州贡菊等。菜品部分：绩溪一品锅、金银白玉板、红嘴绿鹦哥、霹雳一声响、鱼头炖豆腐、沙地马蹄鳖、雪天果子狸、腊香问政笋、肥鸡烧豆腐、徽州馄饨鸭、青菜鸡丝豆腐汤、徽州腐衣圆子汤。因为接驾有功，江春“以布艺为公卿”，乾隆帝钦赐荷包、腰牌，并“荐为一品，随朕侍驾”。——乾隆帝的这一行为，使得他的后几次南巡变相为地方官员们竞相“进献特产”、以求高升的途径。后来，年老的乾隆帝对此进行了反思。他在乾隆四十九年（1784 年）的御制《南巡记》里，既讲述了“西师”“南巡”两件大事成功的原因，又明确指出，不具备君主之“无欲”、扈驾人员之“守法”、官员之“奉公”、民人之“瞻觐亲切”这四个条件，不可言南巡。过了十几年，他对南巡的劳民伤财有了更深刻的认识，对军机章京吴熊光说：“朕临御六十年，并无失德，惟六次南巡，劳民伤财，作无益，害有益，将来皇帝南巡，而汝不阻止，必无以对朕。”

在当今也是如此，小到团队管理，大到现在的治理公务员收受礼物，都是为了遏制不正之风。

原文:

人主有诱于事者，有壅于言者，二者不可不察也。人臣易言事者，少索资，以事诬主。主诱而不察，因而多之，则是臣反以事制主也。如是者谓之诱，诱于事者困于患。共进言少，其退费多，虽有功，其进言不信。不信者有罪，事有功者必赏，则群臣莫敢饰言以愍主。主道者，使人臣前言不复于后，复言不复于前，事虽有功，必伏其罪，谓之任下。(《韩非子》)

译文:

君主有被事情诱惑的，有被言论蒙蔽的，这二者是不可不注意的。臣子中把事情说得很轻易的人，要求的代价少，用事情来欺骗君主。君主受到诱惑而不加考察，因而夸奖他，臣下就反过来用事情控制了君主。像这样的情况就叫作诱惑，被事情所诱惑的就会被祸患所困窘。臣下对君玉说，办事需要的代价很少，下去办事时花的代价却很多，即使办成了，他讲的话仍属不诚实。不诚实的人有罪，事情即使办成了也不给赏赐，群臣就不敢用花言巧语来蒙蔽君主了。做君主的原则是，如果臣下先前讲的话和后来办的事不一致，或者后来讲的话和先前办的事不符合，事情即使办成了也一定要使他受到应得的惩罚，这就叫作使用臣下的方法。

解读:

君主要想不被臣下蒙蔽和诱惑，就是要将其说的话和办的事相联系，对应上的就不受罚，如果对应不上的，尽管做的事超出了说的话也不行，这样就会使大臣说话和办事都有规矩，不至于蒙蔽君主。

案例：

刘邦用人，韩信点兵

刘邦是知道韩信的军事才能的，但是并不十分清楚韩信的军事才能到底到了一种什么样的程度，于是他屡次试探韩信，于是就有“韩信点兵，多多益善”的典故。但是，刘邦依旧不怎么放心，于是多次提出要看韩信练兵点兵，以察看韩信是不是言过其实，所以，韩信就在刘邦面前表演了著名的“韩信点兵”算法。

韩信和刘邦在一个不固定的时间段到达练兵场，韩信立马命令当时在场的所有士兵马上列队，他要在不知道具体士兵人数的情况下通过计算，当场向刘邦报出将士的人数。韩信命令士兵三人一排，结果多出两名；接着命令士兵五人一排，结果多出三名；他又命令士兵七人一排，结果又多出两名。

先求五、九、十三、十七之最小公倍数九千九百四十五（注：因为五、九、十三、十七为两两互质的整数，故其最小公倍数为这些数的积），然后再加三，得九千九百四十八（人）。

简单扼要总结：

（1）算两两数之间的能整除数；

（2）算三个数的能整除数。

用（1）中的三个整除数之和减去（2）中的整除数之差（有时候是倍数），这样，就能很快求出当时的将士人数。

这个算法在与楚国征战的时候就用过，当时韩信率一千五百名将士与楚王大将李锋交战。苦战一场，楚军不敌，败退回营，汉军也死伤四五百人，于是韩信整顿兵马也返回大本营。当行至一山坡，忽有后军来报，说有楚军骑兵追来。只见远方尘土飞扬，杀声震天。汉军本来已十分疲惫，这时队伍大哗。韩信兵马到坡顶，见来敌不足五百骑，便急速点兵迎敌。他命令士兵三人一排，结果多出两名；接着命令士兵五人一排，结果多出三名；他又命令士兵七人一排，结果又多出两名。韩信马上向将士们宣布：我军有一千零七十三名勇士，敌人不足五百，我们居高临下，以众击寡，一定能打败敌人。汉军本来就信服自己的统帅，这一来更相信韩信是“神仙下凡”“神机妙算”。

于是士气大振。一时间旌旗摇动，鼓声喧天，汉军步步进逼，楚军乱作一团。交战不久，楚军大败而逃。

经过这一次观看，刘邦彻底相信了韩信的军事才能，知道韩信是言行一致的将领，于是就放心任用他了。——当然，也是在观看之后。

在当代，西方理念已经大面积通行，有很多人很会推销自己，这就更要求团队领导善于识人，如果属下的团队成员出现了过分推销自己、言不符实的情况，就要及时停止对他的任用，甚至在试用期就要反复查考是否有这种情况的出现，以免造成更大的损失。

原文：

人臣为主设事而恐其非也，则先出说设言曰："议是事者，妒事者也。"人主藏是言，不更听群臣；群臣畏是言，不敢议事。二势者用，则忠臣不听而誉臣独任。如是者谓之壅于言，壅于言者制于臣矣。主道者，使人臣必有言之责，又有不言之责。言无端末辩无所验者，此言之责也；以不言避责持重位者，此不言之责也。人主使人臣言者必知其端以责其实，不言者必问其取舍以为之责。则人臣莫敢妄言矣，又不敢默然矣，言、默则皆有责也。（《韩非子》）

译文：

臣下为君主筹划事情而恐怕别人非议，就预先放风说：议论这件事的人，就是嫉妒这件事的人。君主信了这种话，不再听取群臣的意见；群臣害怕这种话，不敢再议论。这两种局面起了作用，君主对忠臣的话就不会听取而专门任用那些徒有虚名的臣子。像这样的情形，就叫作被言论所蒙蔽，被言论所蒙蔽了，也就受制于臣下了。做君主的原则是，应使臣下一定负起说话的责任，又要负起不说的责任。说话无头无尾、辩词无从验证的，这就是说话的责任；用不说话来逃避责任，保持重要权位的，这就是不说的责任。君主对说话的臣子，一定要显露出来龙去脉，从而责求他的实效；对不说话的臣子，必须问他赞成还是反对，从而明确他的责任。那么臣子就不敢乱说，又不敢不说了，说话和沉默就都有了责任。

解读：

对于大臣说的话，不要只听一人之言，要兼听，而且要让他们对自己说的话负责任，如果是不说的，也要让他们表示赞同与否，让他们都承担责任。

案例：

兼听则明，从善如流：郑国的立国之道

郑国是春秋时的小国。它为了防御楚国，和晋国签订了盟约。结盟的第二年，楚国即发兵进犯郑国。晋军有约在先，便派兵救援，路上与楚军相遇，楚军不战而退。晋将赵同等人主张乘机攻占楚国的蔡地。他们催请栾书元帅下令行动，但“中军佐”知庄子不让栾书元帅发兵，说：“楚军已撤，郑国转危为安，我们就不该进攻楚国。”

公元前585年，郑国不敌楚国的进攻，求救于晋国。晋将栾书奉命前去救援，使楚军退兵回国。后栾书又去攻打蔡国，蔡国急忙向楚国求救。楚国只好派公子申和公子成率军救蔡。晋大将赵同和赵括向栾书请战，准备率兵攻打援蔡的楚军。这时，栾书的部下知庄子、范文子、韩献子阻止说，此次与楚军交战，胜了也不光荣，败了则会令人羞耻，于是建议收兵回国。栾书采纳了他们的建议。军中有人对此持异议，认为辅佐栾书的有十一个人，只有知庄子等三人主张收兵，而主战的人占多数，因此应按多数人的想法行事。栾书回答：“正确的意见才能代表多数。知庄子他们是贤人，他们的正确意见便能代表多数人的想法。”于是，他下令退兵回国。过了两年，栾书率兵攻下了蔡国后，又想去攻打楚国。知庄子、范文子、韩献子等人分析了具体情况后，又建议栾书暂时不要攻打楚国，而去攻沈国。栾书又一次采纳了他们的建议。栾书能正确听取部下的意见，时人便称赞栾书从善如流：“栾书听从好的、正确的意见，就像流水向下那样，迅速而又自然。”这件事情之后，栾书奖赏了能够提出正确意见的大臣，但是为了表示宽厚，也没有惩罚持反对意见的大臣，因为他们立场坚定，能够为自己的意见坚持。

“兼听则明，偏听则暗”是通用法则：领导要听从多方面团队成员的意见，这样才能使团队健康发展。

原文：

不知治者，必曰："无变古，毋易常。"变与不变，圣人不听，正治而已。则古之无变，常之毋易，在常古之可与不可。伊尹毋变殷，太公毋变周，则汤、武不王矣。管仲毋易齐，郭偃毋更晋，则桓、文不霸矣。凡人难变古者，惮易民之安也。夫不变古者，袭乱之迹；适民心者，恣奸之行也。民愚而不知乱，上懦而不能更，是治之失也。（《韩非子》）

译文：

不懂治理国家的人，一定会说："不要变改古法，不要更改常规。"变与不变，圣人不管，只管正确地治理。既然如此，那么古法变不变、常规改不改，只在于它们可行还是不可行。伊尹不变改殷法，姜太公不变改周法，商汤、武王就不能称王了。管仲不更改齐法，郭偃不改革晋法，桓公、文公就不能称霸了。凡是难以改变古法的人，是害怕改变民众的习惯。不改变古法，是重蹈乱国的覆辙；迎合民心，是放纵奸邪的行为。百姓愚蠢而不懂什么叫乱，君主懦弱而不能进行改革，这是治理国家的过失。

解读：

对于改革之事，君主往往怕因此改变民众习惯而引起祸乱，其实，只要考察这些改变是否有利于民就可以了，改不改的标准在于它们可行不可行。

案例：

“一条鞭法”的实施：君臣一心，造福于民

前文中提到了张居正，在本案例中，我们再来看一下张居正新政的“一条鞭法”的实施。

鞭法是中国明代中后叶一项赋役方面的重要改革。初名条编，又名类编法、明编法、总编法等。后“编”又作“鞭”，间或用“边”。主要是总括一县之赋役，悉并为一条。即先将赋和役分别合并，再通将一省丁银均一省徭役；每粮一石编银若干；每丁审银若干；最后将役银与赋银合并征收。代表了16世纪明代管理者试图获得一种理想状态的各种努力：徭役完全取消；里甲体系不管在形式上还是实质含义上都不再存在；任何残留的人头税都将并入田赋之中。而纳税人可以通过分期支付单一的、固定的白银来履行对国家的义务。“一条鞭法”的内容主要包括以下三方面。

（1）清丈土地，扩大征收面，使税赋相对均平。针对当时存在的占地多者田增而税减的情况，只有从清丈土地入手，才能做到赋役均平。仅据部分清丈的结果，就增加了土地二点八亿亩，使不少地主隐瞒的土地缴了税。（2）统一赋役，限制苛扰，使税赋趋于稳定。实行一条鞭法以前是赋役分开。赋以田亩纳课，役以户丁征集，赋役之外还有名目繁多的方物、土贡之类的额外加派。实行一条鞭法以后，全部简并为一体。将役归于地，计亩征收；把力役改为雇役，由政府雇人代役。由于赋役统一，各级官吏难以巧立名目。因此，丛弊为之一清，使税赋趋向稳定，农民得以稍安。（3）计亩征银，官收官解，使征收办法更加完备。我国封建田赋，唐以前基本上都是征实。唐代两税法虽以货币计算，但缴纳仍折实物。宋代征税，只是偶有折银。元代科差虽行色银，但积粮仍为谷粟实物。唯自明代“一条鞭法”实行以后，不仅差役全部改为银差，而且田赋除苏杭等少数地区仍征实物以供皇室食用之外，其余也均已一律改征折色，即折为色银。与此同时，赋役征课也不再由里长、粮长办理，改由地方官吏直接征收，解缴入库。从此，不按实物征课，省却了输送储存之费；不由保甲人员代办征解，免除了侵蚀分款之弊，使征收方法更臻完善。

“一条鞭法”在实施推广的过程中，遇到了很多反对的声音，甚至包括年轻的万历皇帝，由于首辅张居正的大力推动，“一条鞭法”才得以推行全国，

成为稳定的制度，很大程度上省却了中间的盘剥和人力物力，造福于民。

在现代的管理团队中，一般的管理制度多来源于西方，基本可以适应绝大多数情况。但是，在一些特殊的情况下，团队领导可以实施改革，改革过程中一定会遇到很多困难，遭到很多反对，但只要改革是利于整个团队的，就可以放心去实施了。

原文：

任人以事，存亡治乱之机也，无术以任人，无所任而不败。人君之所任，非辩智则修洁也。任人者，使有势也。智士者未必信也，为多其智，因惑其信也。以智士之计，处乘势之资而为其私急，则君必欺焉。为智者之不可信也，故任修士者，使断事也。修士者未必智，为洁其身、因惑其智。以愚人之所惽，处治事之官而为所然，则事必乱矣。故无术以用人，任智则君欺，任修则君事乱，此无术之患也。明君之道，贱德义贵，下必坐上，决诚以参，听无门户，故智者不得诈欺。计功而行赏，程能而授事，察端而观失，有过者罪，有能者得，故愚者不任事。智者不敢欺，愚者不得断，则事无失矣。（《韩非子》）

译文：

任用什么人办事，是国家存亡治乱的关键。没有政治手腕而用人，没有一次任用不是失败的。君主要任用的人，不是有口才、有智巧，而是品行好。任用人，是使他有权有势。聪明人未必可靠，只因为赞赏他的智辩，就以为他们可靠而加以任用。凭聪明人具有的计谋，再加上处在有权有势的地位而去干私人急事，君主就一定会受到欺骗。因为聪明人不可靠，所以君主可能去任用那些老好人，叫他们处理政事。老好人未必有智谋，仅由于觉得他们品德纯洁，就以为他们有智谋。这种人以愚夫的糊涂，处在治理国家政事的官位上，自以为是地处理问题，政事必然要被搞乱。所以没有政治手腕而用人，任命聪明人的话，君主就受欺骗；任用老好人的话，君主的政事就被搞乱。这就是没有政治手腕导致的祸患。明君的治国原则是，地位低的能够议论地位高的；官吏有罪，下属不告发则同罪；用检验的方法判明事情的真相；不偏听偏信；所以聪明人无法弄诈行欺。按功行赏，量才授职，分析事情的起因来考察官吏的过失，有过错的人给予处罚，有才能的人给予赏赐，所以愚蠢的人就不能担任政事了。聪明人不敢行骗，愚蠢的人不得决断，政事就没有失误了。

解读：

对臣子要任用其长，控制其短。这就要求君主要认清人才的优缺点，使聪明人不敢行骗，愚蠢的人不得决断。

案例：

劝学的孙权：知人善任的君主

吕蒙是三国时期吴国著名的战将，战功赫赫，只可惜，他的文化程度并不高，甚至不认识多少字，这就给他日常的领兵造成了困难。孙权作为君主，十分清楚这一点。

起初，孙权对大将吕蒙说："你现在当权掌管军中事务，不能不学习！"吕蒙以军营中事务繁多为理由加以推辞。孙权说："我难道想要你钻研经书成为传授经书的官吗！只不过要你粗略地阅读，了解历史罢了。你要说事务多，谁像我事务多？我常常读书，并且感到十分有收效。"于是吕蒙开始进行学习。等到鲁肃来到浔阳的时候，和吕蒙讨论议事。鲁肃十分惊奇地说："以你现在的才干和谋略来看，你不再是原来吴地的阿蒙了！"吕蒙说："对于有志气的人，分别了数日之后就应重新另眼看待他的才能，大哥知道这件事太迟了啊！"于是鲁肃拜见吕蒙的母亲，与吕蒙结为朋友，然后告别而去。后以"吴下阿蒙"称誉别人变化很大，长进明显；或反其意而用之，谦指自己毫无长进，也作"阿蒙吴下"。金元敏之《读裕之弟诗稿》云："吴下阿蒙非向日，新篇争遣九泉知。"清黄景仁《闻稚存丁母忧》云："阿蒙吴下还依旧，他日登堂欲拜难。"

《太平广记》中则记载了一宗关于吕蒙求学的玄幻故事。孙权劝吕蒙多学习经典，于是吕蒙便潜心博览群书，而以《易经》为主要学习对象。吕蒙经常因酒醉而坐在已逝世的孙策的旧座上，有时更沉沉睡去。一次在他沉睡中，竟然将《易经》诵读了一遍，然后惊醒。众人问他惊醒的原因，他便说：“我刚才梦见伏羲、周文王、周公，与我谈论世代治乱兴衰之事，以及日月宇宙变化之理，无一不是精妙至极；他们不是只谈空话，纯粹诵读文章而已。”于是大家都知道了吕蒙曾经在睡梦中诵读《易经》之事，一时间传为美谈。

孙权作为君主，十分清楚作为战将的吕蒙的缺点，劝告他要读书，但是孙权在劝学的一开始也就表明了自己的态度：“我劝你读书，是为了你更好地征战，而不是为了你能够治国。”——孙权是个知人善任的君主，并且由此可以知道，他将文臣和武将区分得十分清楚。

现代团队协作中的用人之道也是如此：有人擅长做统筹一类的工作，有的人就善于执行交办下来的任务，作为团队领袖，一定不能让善于执行的人去统筹全局，这样团队就一定会出现混乱。

原文：

明主之国，有贵臣，无重臣。贵臣者，爵尊而官大也；重臣者，言听而力多者也。明主之国，迁官袭级，官爵受功，故有贵臣。言不度行而有伪，必诛，故无重臣也。（《韩非子》）

译文：

在明君的国家里，有贵臣而没有重臣。所谓贵臣，就是爵位尊贵而职务高的官员；所谓重臣，就是主张被君主采用、势力又大的臣子。在明君的国家里，升官晋级，赐予爵位，根据都在于他们的功劳，所以就有贵臣出现；而对于那些言行不一、弄虚作假的人，必然地给予重罚，所以就没有重臣存在。

解读：

在国家里，君主可以用功劳大小来评定官员的大小，但功劳大的臣子只可成为贵臣，切不可让其成为重臣，分夺君主的权力，否则君权就会有被篡夺的危险，所以君主要时时严防重臣出现。

案例：

桓温：大权独揽，最终谋逆

桓温字元子，一作“符子”，汉族，谯国龙亢（今安徽省怀远县龙亢镇）

人。东晋杰出的军事家、权臣，谯国桓氏代表人物。桓温是晋明帝的驸马，曾经因溯大江（长江）之上剿灭盘踞在蜀地的“成汉”政权而声名大振，又三次出兵北伐（伐前秦、后秦、前燕），战功累累。

在桓温收复“成汉”政权期间，东晋朝廷就意识到了桓温位高权重，又手握重兵的危害，对他十分忌惮。会稽王司马昱只得擢升扬州刺史殷浩处理朝政，以抗衡桓温日渐增长的势力。永和五年（349年），后赵皇帝石虎病死，北方大乱。桓温立刻上书请求北伐，但久久都没有回音。永和六年（350年），朝廷以殷浩为中军将军、都督五州诸军事，委以北伐重任。桓温知道朝廷是以殷浩抗衡自己，非常生气，但由于了解殷浩的为人，因此并不担心。永和七年（351年），桓温治下已有八州之地，自行招募军卒、调配资源，逐渐形成半独立状态。同年十二月，桓温再次上表，而且不等朝廷回复便自行率军东进。桓温此举，天下震惊，殷浩也打算辞官避让。司马昱为此写信劝止，终令桓温退兵回返荆州。——这个时候，桓温就已经露出谋逆的前兆了：想要大权独揽。

此后两年间，殷浩几次率兵北伐，但是屡次战败，军需物资更被掠夺殆尽，朝野怨恨不已。永和十年（354年）正月，桓温上奏朝廷，列举殷浩罪状。朝廷无奈，只得废殷浩为庶人。从此之后，朝廷内外大权，尽皆归于桓温。到了这个时候，局势已经一发不可收拾。桓温自负才智过人，又有赫赫军功在身，于是，开始了他的下一步行动：咸安元年（371年）十一月，桓温采取郗超“废帝以立威”的策略，废皇帝司马奕为东海王，改立司马昱为帝。

至此，东晋皇帝彻底失去了皇权：对桓温的一再纵容，养虎为患，造成了东晋这样的局面。

在现代的团队管理当中，奖励有才干的团队成员是应该做的，但是要注意奖励的方式：尽量兑换成直接的经济利益，而不是一再提高他们在团队中的地位。如果掌握不好这一点，迟早会有人出来和自己原先的团队分庭抗礼。

赏罚卷

第七

原文：

故人君先募而后赏，先令而后诛，则人亲附，畏而爱之，不令而行。赏罚不正，则忠臣死于非罪，而邪臣起于非功。(《便宜十六策》)

译文：

所以，作为国君必须先招募人才，然后论功行赏；先明令法纪，再实行赏罚。这样就能得到臣民的归顺诚服。臣民既害怕其威严，又真心对其爱戴。即使不对其发号施令，他们也会自觉行动。若赏罚不公，忠臣就会死于无辜，而奸臣无功也可得到重用。

解读：

管理很重要的一点就是实行赏罚，但是赏罚最重要的一点就是要公平，如果失去公平，那赏罚也就失去了它本来的意义。

案例：

晋文公与僖负羁：赏罚分明，树立威望

僖负羁，又名釐负羁（生卒年不明），中国春秋时代曹国大夫。公元前637年，晋国公子重耳流亡过境曹国。曹共公不以礼对待重耳，又在重耳洗澡时偷窥他。僖负羁劝阻曹共公，但不被采纳。僖负羁的妻子认为重耳会回到晋国取得政权，将来一定会讨伐曹国报仇，建议丈夫私下接待重耳等人，以

免将来得祸。僖负羁自行接待重耳，又赠送一块璧玉给他。重耳接受了款待，但没有收下璧玉。后来重耳回到晋国即位为君，是为晋文公。

因此晋文公在攻下曹国时，为了报答僖负羁的恩情，就向军队下令，不准侵扰僖负羁的家，如果有违反的人，就要处以死刑。大将魏平和颠颉却不服从命令，带领军队包围了僖负羁的家，并放火焚屋。魏平爬上屋顶，想把僖负羁拖出杀死。不料，梁木承受不了重量而塌陷，正好把魏平压在下面，动弹不得，幸好颠颉及时赶到，才把他救了出来。这件事被晋文公知道后，十分气愤，决定依照命令处罚。大臣赵衰（赵国君王的先人）向文公请求："他们两人都替国君立下过汗马功劳，杀了不免可惜，还是让他们戴罪立功吧！"晋文公说："功是一回事，过又是一会事，赏罚必须分明，才能使军士服从命令。"于是便下令，革去了魏平的官职，又将颠颉处死。从此以后，晋军上下，都知道晋文公赏罚分明，再也不敢违令了。

虽说这个典故中，晋文公处死两人，有报答救命之恩的意思在，但更多地是为了树立君王一言九鼎的权威性：即使是国家功臣，不服从君主已经颁布的诏令，也要惩处。所以，也达到了预期的效果：从此以后，晋军上下，都知道晋文公赏罚分明，再也不敢违令了。

在现代的团队领导当中，也一定要注意这一点，尤其是对一个平时有能力，又为团队做出过贡献的团队成员来说，更是这样。

原文：

夫虎之所以能服狗者，爪牙也。使虎释其爪牙而使狗用之，则虎反服于狗矣。人主者，以刑德制臣者也。今君人者释其刑德而使臣用之，则君反制于臣矣。故田常上请爵禄而行之群臣，下大斗斛而施于百姓，此简公失德而田常用之也，故简公见弑。子罕谓宋君曰："夫庆赏赐予者，民之所喜也，君自行之；杀戮刑罚者，民之所恶也，臣请当之。"于是宋君失刑百子罕用之，故宋君见劫。(《韩非子》)

译文：

老虎能制服狗，靠的是爪牙；假使老虎去掉它的爪牙而让狗使用，那么老虎反而会被狗所制服。君主是要靠刑德来制服臣下的，如果做君主的丢掉刑赏大权而让臣下使用，那么君主反而会被臣下所控制了。所以田常向君主请求爵禄而赐给群臣，对下用大斗出小斗进的办法把粮食施舍给百姓，这就是齐简公失去奖赏大权而由田常掌握，简公因而遭到杀害的原因。子罕告诉宋桓侯说："奖赏恩赐是百姓喜欢的，君王自己施行；杀戮刑罚是百姓憎恶的，请让我来掌管。"于是宋桓侯失去刑罚大权而由子罕掌握，宋桓侯因而遭到挟制。

解读：

君主的赏罚大权千万不可借于他人，如果臣下有了赏罚大权，那君主就危险了，因为人心都会被权臣所控制。

案例:

姚启圣的起用和康熙帝的赏罚之道

前文曾用过康熙大帝起用姚启圣时的典故，在这里，再引用一次，虽是同一个人，但并非同一件事情。通过这件小事，也更能体现康熙皇帝的用人方略。

在康熙皇帝起用他之前，姚启圣本来是一介小小的养马官吏。康熙皇帝想要起用他的时候，他因为官职太小，而不能够直接面见皇帝，皇帝派遣自己的亲信太监去请他面圣。但是太监过于跋扈，在寻访的过程当中侵扰当地百姓，并且抢了姚启圣养马场的马匹私用，但因为威势过大，百姓不好反抗。但是姚启圣并不在意，而是按照条例鞭打了这个太监二十下，还追缴了马匹，并处以罚款。

康熙皇帝在任用姚启圣之前，先是惩处了亲信太监，以惩罚太监的飞扬跋扈。但他对于姚启圣擅自动用赏罚大权的事情，并不是没有自己的对策，而是藏在心里，按下不表。

后来，经历过了迁界禁海、平定台湾、收复郑经几件大事之后，已经年逾六旬的姚启圣回京要求回家养老，至于做不做官，请康熙皇帝看着下旨。这个时候，康熙皇帝先是表示了对姚启圣用兵和治理地方的夸赞，并把自己的行宫和行宫中的一切设施都赐给了他。在姚启圣谢恩之后，康熙皇帝提出，不再让姚启圣为官，不是因为他过于年老，而是因为几年前皇上没有下旨处罚亲信太监之前他就擅自处罚，虽然说罚得对，但是属于僭越行为。作为对他僭越行为的惩处，所以不给予他实际的权力，但是在原先级别的基础上加封太子太保，俸禄不变，以示奖罚分明。康熙皇帝的态度十分明显：臣下没有赏罚的权力，这个权力，只属于君主。

“用人不疑疑人不用”虽是古语，但在现代的管理学当中一样适用，作为团队领导，要信任下属，放权给下属，好让他们放心大胆做事，但是有一些权限是不能下放的，例如赏罚权。这种权力一旦下放，就等于自己架空了自己。

原文：

人主将欲禁奸，则审合刑名者，言异事也。为人臣者陈而言，君以其言授之事，专以其事责其功。功当其事，事当其言，则赏；功不当其事，事不当其言，则罚。故群臣其言大而功小者则罚，非罚小功也，罚功不当名也；群臣其言小而功大者亦罚，非不说于大功也，以为不当名也害甚于有大功，故罚。(《韩非子》)

译文：

君主要想禁止奸邪，就要去审核刑名。刑名是指言论和职事。做臣下的发表一定的言论，君主根据他的言论授予相应的职事，专就他的职事责求他的功效。功效符合职事，职事符合言论，就赏；功效不符合职事，职事不符合言论，就罚。所以群臣言大功小的要罚；这不是要罚小功，而是要罚功效不符合言论。群臣言小功大的也要罚；这不是对大功不喜欢，而是认为功效不符合言论的危害超过了所建大功，所以要罚。

解读：

君主赏罚臣下的标准是要刑名相符，也就是说的话和办的事要相符。这里特别提出臣下言论小而功劳大也要罚，因为它也违反了标准。

案例：

申不害与韩昭侯：刑名相符，传世人也不例外

申不害（前385—前337年，另有资料认为在前420—前337年），亦称申子，郑韩时期（今河南新郑）人。战国时期法家重要代表人物之一、思想家。以“术”著称，著有《申子》，是春秋战国时期，百家争鸣中的代表人物。韩国灭掉郑国后，韩昭侯重用他为丞相，在韩国主持改革。他在韩为相十九年，“内修政教，外应诸侯”，帮助韩昭侯推行“法”治、“术”治，使韩国君主专制得到加强，国内政局得到稳定，贵族特权受到限制，百姓生活渐趋富裕，史称“终申子之身，国治兵强，无侵韩者”。十五年间便使韩国强盛起来。公元前337年，申不害卒于韩都（今新郑）。

申不害是法家在韩非子之前重要的传世之人，对于刑名相符的进一步明确阐释和在实践中的运用做出了重大的贡献。甚至，在建立制度，使得刑名相符的过程中，连他这位学说的传世之人、制度的制定者也没有例外。

申不害反对立法行私。认为国君既要掌握驾驭群臣的“术”，又要做到正直无私，这样臣下才能忠于职守。然而，《战国策》中却记述了这样一件事：申不害私下请求韩昭侯给自己的堂兄封一个官职，韩昭侯不同意，申不害面露怨色。韩昭侯说：“这可是从你那里学到的治国之策啊！你常教寡人要按功劳大小授以官职等级，如今又请求为没有建立功业的兄弟封官，我是答应你的请求而抛弃你的学说，还是推行你的主张而拒绝你的请求呢？而你，虽然功劳很大，但是在这件事情上，却言行不一，甚至言论大于功劳，那你说，我该如何对你进行惩罚？”申不害慌忙请罪，对韩昭侯说：“君王真是贤明君主，请您惩罚我吧！”

申不害的理论，在于建立完善的制度，也崇尚君子善于使用用人之“术”，双管齐下，以避免臣子们争斗。

在建立制度这一点上，申不害的学说和现代管理学上的“想要管理，就要先建立完善的制度”的思想，虽隔着数千年的时间和无法计数的距离，却不谋而合，这就更说明了在团队管理的时候建立完善的制度的重要性。有了完善的制度，人的错误造成的损失就可以降到最小。制定了制度，就要执行，哪怕是一时看起来是一件好事。破坏制度，就要进行惩罚，这就是制度的力量。

原文：

故明君无偷赏，无赦罚。赏偷，则功臣惰其业；赦罚，则奸臣易为非。是故诚有功，则虽疏贱必赏；诚有过，则虽近爱必诛。疏贱必赏，近爱必诛，则疏贱者不怠，而近爱者不骄也。(《韩非子》)

译文：

所以明君不随便赏赐，不赦免惩罚。赏赐随便了，功臣就懈怠他的事业；惩罚赦免了，奸臣就容易干坏事。因此确实有功，即使疏远卑贱的人也一定赏赐；确实有罪，即使亲近喜爱的人也一定惩罚。疏贱必赏，近爱必罚，那么疏远卑贱的人就不会懈怠，而亲近喜爱的人就不会骄横了。

解读：

君主对于赏罚之事不可随便，特别是对身边的亲近喜爱的人，如果不对这些人行赏罚之治，那么他们就会骄横，早晚会惹出大事。

案例：

顺治偏袒吴良辅：不惩罚亲近之人，必有祸患

吴良辅，清朝顺治朝太监，受到顺治帝的宠幸，因而专权把持朝政。顺治十五年（1658年）时，发生宦官与官员贿赂勾结的案件，吴良辅牵涉其中，但顺治帝袒护他而未依照他自己所定禁宦官干政的谕令处罚。顺治帝逝

世后，即于康熙元年（1662 年）由孝庄皇太后下旨依“变易祖宗旧制”之罪被处以死刑。

康熙二年（1663 年），朝廷发布吴良辅罪行：“谕吏部、刑部等大小各衙门：朕惟历代理乱不同，皆系用人之得失。大抵委任宦寺，有不召乱者，加以佥邪附，和其间，则为害尤甚。我太祖太宗痛鉴往辙，不设宦官。先帝以宫闱使令之役，偶用斯辈，继而深悉其奸。是以遗诏有云：祖宗创业，未尝任用中官；且明朝亡国，亦因委用宦寺。朕凛承先，厘剔弊端，因而详加体察。乃知满洲佟义、内官吴良辅阴险狡诈，巧售其奸，荧惑欺蒙，变易祖宗旧制，倡立十三衙门名色，广招党类，恣意妄行；钱粮借端滥费，以遂侵牟。权势震于中外，以窃威福，恣肆贪婪，相济为恶，假窃威权，要挟专擅；内外各衙门事务，任意把持；广兴营造，糜冒钱粮，以致民力告匮、兵饷不敷。此二人者，朋比作奸、挠乱法纪，坏本朝淳朴之风俗；变祖宗久定之典章，其情罪重大，稔恶已极，通国莫不知之。虽置于法，未足蔽辜；吴良辅已经处斩，佟义若存、法亦难贷，已服冥诛，著（着）削其世职，十三衙门尽行革去，凡事皆遵太祖太宗时定制行。内官俱永不用，又刘正宗，亦当仰遵遗诏，置之重典，但念其年老，姑从宽免，其党类亦皆赦宥。尔等即传布中外，刊示晓谕，咸使知悉。”——内官专权，擅自设立行政机构，并且广结党羽，卷入几宗受贿案件。然而，就是这样一个人，顺治皇帝在位的时候却对其十分袒护，甚至连吴良辅卷入受贿案件都没有按照条例处理，最终造成吴良辅把持朝政多年。

作为团队的领头人，一定要做到赏罚分明，即使是自己亲近的得力干将犯了错误，也绝对不能“法外施恩”，因为这样的口子一旦撕开，就很难再次合上。时间长了，难免造成有人恃宠而骄，这样就会危害整个团队的发展。

原文：

为人君者，数披其木，毋使木技扶疏；木枝扶疏，将塞公闾，私门将实，公庭将虚，主将壅围。数披其木，无使木枝外拒；木枝外拒，将逼主处。数披其木，毋使枝大本小；枝大本小，将不胜春风；不胜春风，枝将害心。公子既众，宗室忧吟。止之之道，数披其木，毋使枝茂。木数披，党与乃离。掘其根本，木乃不神。填其汹渊，毋使水清。探其怀，夺之威。主上用之，若电若雷。(《韩非子》)

译文：

做君主的，要像经常劈削树木一样整治臣下，不要使树木枝叶茂盛；树木枝叶茂盛，将会充塞官府；私门将会富实，公门将会空虚，君主将受蒙蔽。经常劈削树木，不要使树枝向外伸展；树枝向外伸展，将会威逼君位。经常劈削树木，不要使枝粗干细；枝粗干细，将会经不住春风；经不住春风，树枝将会损害树心。公既多，大宗忧叹。制止的办法，就是经常劈削树木，不要使枝叶茂盛。树木经常劈削，朋党才会离散。掘掉树根，树木就没有生气了。填塞汹涌深渊，不要让水奔腾。探测臣下的阴谋，剥夺臣下的威势。君主使用起威势来。要像电闪雷鸣一般。

解读：

这里指出君主应多用刑罚，以树立权威。因为赏越多则臣下实力越强，这样不利于君主；但罚却可以让臣下少犯错误，忠心做事。

案例：

从子产追根溯源：被误读的“多用刑法”

子产姓姬，名侨，字子产，新郑人，是与孔子同时代的政治家和思想家。他的思想，因为提倡严刑峻法而被后世遵为法家思想的源头之一。然而，通过对史料的查阅，我们可以知道，其实子产的政策一直以来是被误读的，下面，就来看看例子。

郑国的子产病重。他对子太叔说：“我死以后，您必定主政。只有道德高尚的人能够用宽厚的政策使民众服从，其次的政策没有比严厉更有效的了。比如火势猛烈，人们望见它就害怕，所以很少有人死于火。水性柔弱，民众亲近并和它嬉戏玩弄，所以死于水的人就很多，因此宽厚的政策，实施的难度要大。”子产病数月后就去世了。

太叔继任主政郑国，不忍心采用严厉的政策而实行宽厚。郑国因此出现很多盗寇，他们招集人手聚集于萑苻泽中。太叔很后悔，说：“我早点听从老人家的话，就不至于弄到这个地步。”于是出动步兵去围剿萑苻泽中的盗寇，将他们全部杀灭，从此盗贼活动才稍稍平息。

孔子说：“好啊！政令宽大民众就怠慢，民众怠慢就用刚猛的政策来纠正。政策刚猛民众就受伤害，民众受伤害了就施与他们宽厚的政策。宽厚用来协助刚猛；刚猛用来协助宽厚，政治这才得以和谐。

“《诗》说：‘民众也劳累了，差不多可以小憩啦；赐予城中的民众恩惠，用来安抚四方。’这是施与民众以宽厚啊。‘不要放纵奸诈，用来防范邪恶；遏止盗寇肆虐，恶毒是不害怕美好的。’这是用刚猛来纠正啊。‘宽柔对待远方的民众能够使大家亲近，这样来稳定我们的王朝。’这是用和缓的政策来使民众平安祥和啊。又说：‘不争斗不急躁，不刚猛不柔弱，实施政策平和，所有的福祉汇集过来。’这是平和的极致啊。”等到子产逝世，孔子听说了，哭泣道：“他具有古人仁爱的遗风啊。”

从孔子和《诗》的记载来看，子产的政策是在乱世的时候用的，为的是在乱世达到政治的清平，而在清平之后就要实行宽厚的政策，只有宽严相济，政治才能够达到真正的和谐之治。

在管理之中，使用严厉政策和手段的时候，一定是万不得已的时候，也即“乱世用重典”，并且一旦达到效果，就要实行仁政。在和平时期，万万不能实行这种政策。

团队领袖，请铭记：如果不到团队生死存亡的时候，不要使用严厉的手段！

原文：

重刑少赏，上爱民，民死赏；多赏轻刑，上不爱民，民不死赏。利出一空者，其国无敌；利出二空者，其兵半用；利出十空者，民不守。重刑明民，大制使人，则上利。行刑，重其轻者，轻者不至，重者不来，此谓以刑去刑。罪重而刑轻。刑轻则事生，此谓以刑致刑，其国必削。（《韩非子》）

译文：

刑罚重，赏赐轻，这是君主爱护臣民，臣民就拼死立功求赏；赏赐重，刑罚轻，这是君主不爱护臣民，臣民就不会拼死大功求赏。赏赐的唯一来源在于君主，这个国家就无敌于天下；赏赐的来源一分为二，军队就只有半数听用；赏赐出于十个地方，民众就保不住了。用重刑促使民众明白取舍，用大法驱使人们为国尽力，对君主就有利。执行刑罚时，对轻罪要重罚，这样人们轻罪就不敢犯，重罪更不敢碰，这叫作“以刑除刑”。要是对重罪用轻刑的话，刑罚轻了，犯法的事就容易发生，这叫作“以刑招刑”，而这样的国家必致削弱。

解读：

这里强调的是以刑除刑，要轻罪重罚；切不可以刑招刑，重罪轻罚，这样犯罪之人就会多，国家就会被削弱。

案例：

轻罪重罚：被误读的治国良策

几千年来，专家文人都在斥责秦国是“轻罪重罚”，专家们众口一词地引用证据“弃灰于公道者断其手”，“行不由路，谓之奸人，奸人者杀”等只言片语。老百姓往路上撒点灰土就要砍手，出门办事没有走在道路上，就要被杀，这还不是轻罪重罚吗？其实这是张冠李戴，以讹传讹。——并且，一直以来，大家对“轻罪重罚”本身的理解是存在误差的。

《韩非子·内储说》记载：“弃灰于公道者断其手”是商朝的规定。韩非子这段文字的大意是这样的：殷商时期法律规定，在公路上撒灰要处以断手的刑罚。孔子的学生子贡认为处罚过重，便来请教孔子。子贡说：“撒灰于公路是很轻的罪过，而砍断一个人的手是很重的处罚。古人为什么这么残酷？”孔子回答说：“不往公路上撒灰是很容易做到的事情，而被砍断手臂是人们很害怕的处罚。古人认为，让百姓做容易的事情而避免害怕的处罚，是很容易办到的，所以这样制定法律来推行。”

根据韩非子的这段文字我们知道，“弃灰于公道者断其手”并不是秦国的法律，早在殷商时期就已实行，据此来批评秦国严刑峻法是张冠李戴。

同时代由贫民参与制定的古罗马的《十二铜表法》，对于偷盗别人庄稼，或者让自己的牲口偷吃别人牧草，要处以死刑。

而秦律对于偷盗六百六十钱以下的罪犯，仅仅是脸上刺字然后服徭役。六百六十钱相当于壮年男子四个月的工资收入。犯罪金额远远高于“拾遗者”和“盗牧者”，处罚却远远轻于魏国李悝的《法经》和古罗马的《十二铜表法》。

由此可知，所谓轻罪重罚是秦朝二世而亡的原因之一，基本可以断定是以讹传讹，并且，就史料记载来看，轻罪重罚的“重罚”，远远没有那么重。——轻罪重罚，实际是以预防和震慑作用为主的。

在现代的领导团队当中，一定要正确地理解和使用“轻罪重罚”的策略，这样可以达到震慑作用，防患于未然。

原文:

以刑治，以赏战、厚禄，以用术。行都之过，则都无奸市。物多者众，农弛奸胜，则国必削。民有余食，使以粟出爵，必以其力，则震不怠。三寸之管毋当，不可满也。授官爵出利禄不以功，是无当也。国以功授官与爵，此谓以成智谋，以威勇战，其国无敌。国以功授官与爵，则治见者省，言有塞，此谓以治去治，以言去言，以功与爵者也。故国多力，而天下莫之能侵也。兵出必取，取必能有之；案兵不攻必当。朝廷之事，小者不毁，效功取官爵，廷虽有辟言，不得以相干也，是谓以数治。以力攻者，出一取十；以言攻者，出十丧百。国好力，此谓以难攻；国好言，此谓以易攻。

译文:

要用刑罚来治理国家，用赏赐来鼓励作战，实行厚禄制度，注意政治策略。巡查都邑中的违法行为，都邑中就没有违法买卖。奢侈物品多，工商业者多，农事放松，奸邪势盛，国家就必定削弱。民众有了余粮，就让他们用粮食捐取官爵；官爵的取得一定得凭自己的力量，农事就不会懈怠了。三寸长的竹管如果没有底子，是装不满的；授给官爵和俸禄如果不根据功劳，也就像没有底子的竹管一样。国家根据功劳授予官和爵，这叫作用成绩来集中智谋，用威势来鼓励勇敢作战，而这样的国家是无敌的。国家根据功劳授予官和爵，治国就能省事，空话就被杜绝，这叫作以简明法治排除烦琐人治，以法律条文排除无用言论，因为是按功劳授予官爵的。正因如此，国家就实力雄厚，天下就没有哪个能侵犯了。出兵一定有所攻取。攻取以后一定能够长期占有；按兵不动的话，国家也必定富强。朝廷政事，小的方面也不准诽谤，只有立功才能取得官爵。朝廷上即使有人说坏话，也不能干扰这种做法。这叫作用规章制度治国。凭实力进攻敌人，出一分力可取得十分的成果；凭空话进攻敌人，出十分力会受到百分的损失。国家崇尚实力，这叫作从难处着眼准备进攻；国家崇尚空谈，这叫作从易处着眼准备进攻。

解读：

这里讲的是韩非子耕战合一的国家政策，虽然现在也许有些过时，但其中提到凭劳动得到官爵是值得提倡的，奖赏之事就是要奖给肯吃苦、做实事的人，而崇尚空谈的则不可委以重任。

案例：

从李悝到韩非子：法家重农重实干的一脉相承

法家从创立开始，重视农业就成为法家的传统，一直沿袭。

李悝是重农主义的开山鼻祖，他为魏文侯做尽地力之教，使魏国因而富强。李悝的尽地力之教究竟如何，已不可详，只能从《汉书·食货志》的记载略窥梗概。他指出："地方百里，提封九万顷，除山泽居邑三分去一，为田六百万亩，治田勤谨则亩益三升，不勤则损亦如之。地方百里之增减，辄为粟百八十万矣。"农夫因为始终无法摆脱贫困的生活而有怠耕的现象，造成粮食的减产，粮价因而上扬。然而"糶甚贵伤民，甚贱伤农；民伤则离散，农商则国贫"。对于统治者来说，"甚贵与甚贱，其伤一也"。"善为国者，使民毋伤而农益劝。"

重农主义在商鞅手中达到了极致，他承继了李悝的办法而加以扩大，他体认到"国之所以兴者，农战也"，"农者寡而游食者众，故其国贫危"；而且"农少、商多"的结果是"贵人贫、商贫、农贫"，因而极力抑制末业（特别是商业），而使游食者群趋于农，以达到"搏以于农""一民于农的"的目的。史载商鞅的变法令云："大小戮力本业，耕织致粟帛多者复其身。事末及怠而贫者，举以为收孥。"以免役的方式来奖励耕织，并以收为官奴的方法惩罚工商和怠惰贫穷的人。行之十年，家给人足。为了达到地尽其利，乃"开阡陌封疆”以拓展耕地，任民自耕。并明文规定，耕种好的，可以为官。

这其实是提倡实干精神——在战国时代，战乱频繁，只有耕种和农业好了，才有立国的可能，所以注重农耕和农业，体现的是法家讲求实干的思想。

在现代的管理学当中，提倡言行合一，不提倡过分谦虚，这虽然与传统价值观不大相合，但是“言行合一”，除了善于推销自己，也是要求做实事再先的。故而，法家的实干思想，是团队管理者要从中汲取的。

原文：

夫凡国博君尊者，未尝非法重而可以至乎令行禁止于天下者也。是以君人者分爵制禄，则法必严以重之。夫国治则民安，事乱则邦危。法重者得人情，禁轻者失事实。且夫死力者，民之所有者也，情莫不出其死力以致其所欲；而好恶者，上之所制也，民者好利禄而恶刑罚。上掌好恶以御民力，事实不宜失矣，然而禁轻事失者，刑赏失也。其治民不秉法为善也，如是，则是无法也。(《韩非子》)

译文：

凡是国土广大、君主独尊的，自来都是因为法严厉而可以在大卜达到令行禁止的。因此作为君主在划分爵位、制定俸禄时，就必须严格执行重法原则。国家太平，民众就安定；政事混乱，国家就危险。法严厉符合人之常情。法禁松弛不符合社会实际。况且拼命出力是民众固有的，他们的心理无非是想拼命出力去获得渴望的东西。而民众喜欢什么、厌恶什么是由君主一手控制着的。民众喜欢的是利禄，厌恶的是刑罚；君主掌握民众好此恶彼的心理来使用民力，和实际情况不应该有差错。既然如此，那么法禁松弛，政事有失，正是由于刑赏不当。君主治理民众不能掌握法度除恶务善。这种情形一旦出观，也就等于没有法了。

解读：

赏罚是和法联系在一起的，所以君主一定要重法，而且法的制定要遵循民众的喜好，这样才是好法，才会出现公平的赏罚。

案例：

治下安平，就是顺应民心

齐威王召见即墨大夫，对他说："自从你到即墨以后，我就一天天听到人家讲你的坏话。可是我派人去即墨视察，却看见那里是'田野辟，人民给，官无事，东方以宁'，情况良好。为什么会这样？是你没有贿赂我的左右，求他们给你讲好话。"于是，齐威王奖励了即墨大夫。

威王又召见阿大夫，对他说："自从你做了阿的地方官，我就一天天听到夸奖你的好话。我派人去视察，看见的却是'田野不辟，人民贫馁'。赵国攻打鄄，你不救；卫国占据薛陵，你不知道。为什么会这样？是你用重金贿赂我的左右，求得他们的赞誉。"当日就将阿大夫和左右讲假话的人都用"烹"刑处死了。"于是群臣悚惧，莫敢饰诈，务尽其情，齐国大治，强于天下。"

齐威王用自己的实际行动告诉自己的臣子和百姓：重视百姓，就算不给天子身边的人说好话，就是遵循天子的制度，天子也会好好地奖赏他；反之，就算给天子身边的人说好话，不好好对待百姓，等待他的，也只会是严刑峻法。

当今世界，重视的几大普世价值是：公平、正义、民生。大到国际公法的制定小到管理制度的选择和明晰，都离不开这几大普世价值的指导。而在几千年前的中国，在百家争鸣、百花齐放的春秋战国时代，在一个面积广大的齐国当中，就有君主自发地按照这个标准去制定法律执行法律、去治理国家、去管理自己的民众，这不得不说是中国古代传统思想、现代命名为"国学"的学说的智慧，也只能说明，当今社会，有一部分人主张一切向西方学习，尤其是学习西方制度，是极为不可取的，是没有充分认识到中华文化的博大精深。

既然上承国学渊源，又与当今的普世价值观不谋而合，那么我们的领导者们就更要从中汲取管理学的营养了：管理团队、制定制度的时候，一定要以赏罚分明（公平正义）为标准，恪守以人民／下属利益为先（民生）的底线，只有这样，才能真正带领好团队。

原文：

故治乱之理，宜务分刑赏为急。治国者莫不有法，然而有存有亡；亡者，其制刑赏不分也。治国者，其刑赏莫不有分：有持以异为分，不可谓分；至于察君之分，独分也。是以其民重法而畏禁，愿毋抵罪而不敢胥赏。故曰：不待刑赏而民从事矣。(《韩非子》)

译文：

所以根据国家治乱的原理，应把致力于区分刑赏作为当务之急。要治理一个国家，没有哪位君主不实行一定的法令，然而结果却是存亡各异；国家灭亡，在于法令之中刑赏不分。进一层说，要治理一个国家，没有哪位君主实行刑赏时是不加区分的。然而有的所谓“区分”，是拿了不同标准进行区分。实际上这并不能称为真正的区分。至于明察的君主的刑赏区分，则是按统一标准进行的区分。因此明君统治下的民众都重视法制畏惧禁令，既希望不要犯罪，又不敢妄自取赏。所以说：不等到用刑用赏，民众就都服服贴贴地做事了。

解读：

刑赏的区分要有一定的标准，如果出现了不一样的标准，那民众就不知何去何从了，要做到不等到用刑罚，人民就知如何去做才好。

案例:

割发代首：曹操有法必依

一次，麦熟时节，曹操率领大军去打仗。沿途的老百姓因为害怕士兵，都躲到村外，没有一个敢回家收割小麦的。

曹操得知后，立即派人挨家挨户告诉老百姓和各处看守边境的官吏；他是奉皇上旨意出兵讨伐逆贼为民除害的。现在正是麦熟的时候，士兵如有践踏麦子的，立即斩首示众，请父老乡亲们不要害怕。

老百姓开始不相信，都躲在暗处观察曹操军队的行动。

曹操的官兵在经过麦田时，都下马用手扶着麦秆，小心地踏过麦田，这样一个接着一个，相互传递着走过麦地，没一个敢践踏麦子的。老百姓看见了，没有不称颂的。有的望着官军的背影，还跪在地上拜谢呢。

曹操骑马正在走路，忽然，田野里飞起一只鸟儿，惊吓了他的马。他的马一下子蹿入田地，踏坏了一片麦子。曹操立即叫来随行的官员，要求治自己践踏麦子的罪行。官员说："怎么能给丞相治罪呢？"

曹操说："我亲口说的话都不遵守，还会有谁心甘情愿地遵守呢？一个不守信用的人，怎么能统领成千上万的士兵呢？"随即抽出腰间的佩剑要自刎，众人连忙拦住。

这时，大臣郭嘉走上前说："古书《春秋》上说，法不加于尊。丞相统领大军，重任在身，怎么能自杀呢？"

曹操沉思了好久说："既然古书《春秋》上有'法不加于尊'的说法，我又肩负着天子交给我的重要任务，那就暂且免去一死吧。但是，我不能说话不算话。我犯了错误也应该受罚。"

于是，他就用剑割断自己的头发说："那么，我就用割掉头发来代替我的头吧。"

曹操又派人传令三军：丞相践踏麦子，本该斩首示众，因为肩负重任，所以割掉头发替罪。

现在的人觉得剪头发是件很正常的事，可是，古代人认为：头发是从父母那里继承来的，随便割掉不仅大逆不道，而且还是不孝的表现。曹操能够割发代首，以表示对法律的遵守，十分难能可贵。

定立了规则，就要严格遵守规则，即使是团队领导本人违反规则，也不能例外，甚至需要在这样的事情上更加严厉地处理。这样的话，才能使团队成员知道规则是严格的，是不可违反的，这样，才能真正起到规则的作用。

原文：

凡畸功之循约者虽知，过刑之于言者难见也，是以刑赏惑乎贰。所谓循约难知者，奸功也。臣过之难见者，失根也。循理不见虚功，度情诡乎奸根，则二者安得无两失也？是以虚士立名于内，而谈者为略于外，故愚、怯、勇、慧相连而以虚道属俗而容乎世。故其法不用，而刑罚不加乎僇人。如此，则刑赏安得不容其二？实故有所至，而理失其量，量之失，非法使然也，法定而任慧也。释法而任慧者，则受事者安得其务？务不与事相得，则法安得无失，而刑安得无烦？是以赏罚扰乱，邦道差误，刑赏之不分白也。(《韩非子》)

译文：

凡是和论功行赏条例表面相符的虚功是难以识破的；凡属经花言巧语掩饰的错误是难以发现的；因此，刑赏易为表里不一的情况所惑乱。所谓依据条例而难以识别的功勋，就是奸功；臣下那些难以发现的过失，就是失误的根源。依据条例则不能发现虚功，依据常情判断发现不了失误的根源，这样刑罚和赏赐怎能不双双产生差错呢？因此，徒有虚名的功臣在国内捞得声誉，夸夸其谈的说客在国外巧取私利，结果愚妄、怯懦、暴戾、巧诈的种种人物串通一气，用虚无的道理迎合世俗、取悦社会。所以那些国法得不到执行，而罪不容诛的犯人得以逃脱刑罚的制裁。这样的话，刑罚和奖赏怎么会不发生歧异？事实本来摆在面前，但按常理推断却失去了正确度量。度量发生差错，并不是法度造成的；尽管法业已明定，但依靠的却是私智。放弃法而依靠智慧，那么接受任务的官员怎能把握要领？事务要领与事务本身统一不起来，那么法令哪能不出差错，而刑罚又哪能不趋烦乱？因此，赏罚混乱不堪，国法错误百出，是由于刑赏区分不明。

解读：

刑赏一定要依靠制定好的法律，而不能依靠某些智士的智慧，这样或许能用得一时，但长此以往，则民必乱，国必危。

案例：

包拯：捍卫法律，捍卫大宋得清名

包拯一生为官清廉，只认律法，不认权贵，他甚至六次弹“国丈”，硬生生把仁宗宠妃的堂伯父张尧佐给弹下马来。仁宗专宠张贵妃，让她平庸的伯父坐“直升机”一年之内晋升四次，身兼财政部部长、组织部部长等四大要职。此举引起群臣争议，包拯首先冒出来弹劾，随后一些谏官也争相抨击。不料张尧佐的职位不降反升，这说明皇帝在力挺他。包拯见形势不对，三天之内又弹劾，甚至大呼“国丈”是“盛世垃圾，白昼魔鬼”，见没动静，包拯再弹，而仁宗也怄气了，一意孤行要把“国丈”提拔为“宣徽使”。激进者要求廷辩，要和皇帝面对面理论。在争执到达最高潮时，包拯一激动，站在仁宗面前义愤填膺滔滔不绝，唾沫星子溅了仁宗一脸，皇帝尴尬至极又窝火，拂袖而去。回宫后张贵妃问消息，仁宗冲她发了一通脾气：“包拯向前说话，直吐我面，汝只管要宣徽使！宣徽使！汝岂不知包拯御史乎！”

就这样，仁宗总算答应了后妃之家不得任两府的建议，又批评了谏官们在殿上喧哗失礼，生怕再出现过激行为，并规定以后奏对必须先申请。而张尧佐自感犯了众怒，以退为进，主动辞去了一些职务。事实上，皇帝只是缓兵之计，仅过了几个月又把这些要职委给“国丈”了。其实，君臣各退一步也就算了，包拯却非要让皇帝下不了台，只认大宋国法，继续弹劾，一弹再弹，最终把仁宗给弄得不好意思了，不再动张尧佐的职务。后来张贵妃又香消玉殒，这场由包拯掀起的君臣拉锯战总算平息了。——包拯捍卫了大宋的法律，也维系了大宋王朝内忧外患之下的威仪，其实，也在民间为大宋王朝赢得了民心，一定程度上，减缓了大宋崩溃的速率。

在团队管理上，制度一旦确立，就要精准地执行，这是现代管理学的核心之一，不能随便处理，这样会有危险。这一观点，也暗合了中国古代国学中提倡的“君子无戏言，不能朝令夕改”的观点。

崇俭卷第八

原文:

夫圣世之君，存乎节俭。富贵广大，守之以约；睿智聪明，守之以愚。不以身尊而骄人，不以德厚而矜物。茅茨不剪，采椽不斫，舟车不饰，衣服无文，土阶不崇，大羹不和。非憎荣而恶味，乃处薄而行俭。故风淳俗朴，比屋可封。斯二者，荣辱之端。(《帝范》)

译文:

身处太平盛世的明君，心中应常存节俭的美德。虽然富有四海，但还是应时时事事以节俭为准绳来警诫自己；虽智慧高超，才能卓越，但都大智若愚，以拙藏巧。不敢因为自己身份尊贵就颐指气使，也不会因为自己功德伟大就恃功傲物。常常用茅草盖了房子，都不去修剪得漂亮一些；用柞木立了柱子，都不去砍削得光滑一些；甚至坐的车船也没有装饰彩绘；穿的衣服也一点都不华丽；不去建造高大豪华的厅堂；连吃饭都只图饱腹，不求味美。不是因为憎嫌荣华，讨厌甘美，是希望能率先垂范，用淡薄节俭的风尚为天下百姓做榜样。于是，风俗纯正厚朴，邻人和睦相处。因此，骄奢还是节俭，是荣辱的开端啊!

解读:

君主处于高位，更要提倡节俭，而且从自己做起，为天下百姓做个榜样，这样民风就会纯正，大家就会和睦相处。

案例：

节俭的君王们：以节俭垂范天下

君主们提倡节俭，如能得到很好的执行，就是一件大好事，能够为全天下做出节俭的垂范。

南北朝时候，宋文帝在一次宴会前，打发人告诉皇子们先不要忙着吃晚饭，静候赐食即可。没承想所谓的赐食左等不来右等不到，皇子们一个个饿得前心贴后背。直到很晚了，宋文帝才告诉他们，你们这些小子，衣食无忧惯了，哪里知道天下苍生的苦难，人家常常是吃了上顿没下顿，饿你们这一回，今后你们就晓得不能奢侈浪费了。这一次取得了很好的成果，皇子们在这次经历之后，以后的生活果真节俭了不少。

唐朝开元年间，李隆基在皇家园林里辟了自留地种麦，让皇子们耕种、收割，从中体会农民土里刨食的艰辛，真切地感受盘中餐“粒粒皆辛苦”。这一招还真有效。李亨当了太子以后，生活上相当节俭。有个叫韩择木的大臣目睹了李亨的生活之后，向李隆基间接讨好，哪知道李隆基竟然无视，说没有特别表扬的必要。

宋太祖赵匡胤也崇尚节俭。有一天，他的女儿永庆公主入宫前来请安，赵匡胤看到女儿穿着一件非常华丽的短袄，脸顿时拉下来，并告诉女儿今后不要穿这么华丽的衣服。女儿哪知老爸的心思，一副不以为然的样子。赵匡胤教训女儿说：“你怎么这么糊涂啊。《孟子》说‘上有好者，下必甚焉者矣。’你穿得这么华丽，多少人会效仿你啊，那要耗费多少钱财？你的生活、地位已经够优越了，不要身在福中不知福。”公主赶紧认错，换下了华丽短袄。

以上三个不同朝代的君王崇尚节俭的故事，都是史书上有明确记载的，由此可见身为帝王，崇尚节俭的垂范作用有多大：在当朝能够领一时风气，为官员和百姓做榜样，在史书上能够垂范后世。在现代的管理团队中也是如此，想要团队崇尚节俭，作为团队领导，就要自己以身作则，这样才能收到最好的效果。

原文：

夫君者，俭以养性，静以修身。俭则人不劳，静则下不扰。人劳则怨起，下扰则政乖。人主好奇技淫声、鸷鸟猛兽，游幸无度，田猎不时。如此则徭役烦，徭役烦则人力竭，人力竭则农桑废焉。人主好高台深池，雕琢刻镂，珠玉珍玩，黼黻絺绤。如此则赋敛重，赋敛重则人才遗，人才遗则饥寒之患生焉。乱世之君，极其骄奢，恣其嗜欲。土木衣缇绣，而人裋褐不全；犬马厌刍豢，而人糟糠不足。故人神怨愤，上下乖离，佚乐未终，倾危已至。此骄奢之忌也。(《帝范》)

译文：

做国君的，应该以俭约质朴之道涵养自己的品性，应该用淡泊静远之方修炼自己的德行。俭约可以使人民不至于困顿疲惫，静远可以使百姓不至于进退失据。皇帝如果喜好邪门歪道、靡靡之音、玩鸟斗兽，终日游幸打猎，这样必然会乱兴徭役，加重对百姓的剥削。百姓如果被迫倾尽全力去满足皇帝的欲求，就必然会荒废生产，延误农时。皇帝如果追求高屋深池、雕梁画栋、珠玉珍玩、奇木异石、衮衮华服，必然会加重赋敛，赋敛重了，则有识之士就会被遗弃；人才没了，那么饥饿和寒冷的灾祸就难以避免了。身处乱世的昏君，没有一个不是骄横奢侈的，他们放纵自己的嗜好和欲望。连土墙木梁都披上了华彩的丝绸，而老百姓连粗布衣裳也穿不起；狗马的精美食物富余得吃不了，而黎民连酒糟稗糠都吃不饱。于是乎搞得天怒人恨，上下欺骗。寻欢作乐的好日子还没走到尽头，倾覆危亡的命运就等在那里了。这正是骄奢之大忌呀！

解读：

国君之所以要俭朴，是因为骄奢会产生一连串的反应，主要是会使百姓受苦，进而忍无可忍，最后国君只能面临倾覆危亡的结局。

案例：

陈后主：一代词人的骄奢亡国

陈后主根本不会处理政事，他贪图享受，大建宫室，一天到晚只知道吃喝玩乐。身边的宰相江总、尚书孔范等，也只会逢迎拍马，玩玩文字游戏，不把国家大事放在心上。陈后主每天都和宠妃在皇宫里举行酒宴，让江总、孔范之流一起参加。他们喝酒吟诗，制作俗艳的诗词，如《玉树后庭花》《临春乐》等，都配上曲子。陈后主还专门挑选了一千多个宫女，专门演唱他们“创作”出来的这些靡靡之音。陈后主到处搜刮民脂民膏，过着花天酒地、醉生梦死的日子。老百姓一年干到头，辛辛苦苦得来的劳动果实，大多被统治者掠夺去了，经常有人饿死、冻死在路上。昏君手下，也有有良心的大臣。有个叫傅縡（zài）的官员，对陈后主的所作所为实在看不过去，就劝谏道：“陛下！老百姓穷得日子都过不下去了，已经到了怨声载道、天怒人怨的地步，请陛下整肃朝政，不然我们国家就很危险了。”陈后主哪里听得进这话，他最恨有人说起老百姓怎么穷、国家大事怎么重要这样的话，便气呼呼地告诉傅縡：“你这是在胡说八道，诽谤朝政！如果你愿意改正，我才能饶了你。”耿直的傅縡回答道：“我的话是从心里发出的。我的心和我的面貌一样。如果我的面貌能够改，那我的心才会改。”陈后主残忍地把敢于进言的傅縡杀了。从此，更没人敢劝谏了。

作为一代词人，陈后主是杰出的，但是他作为君王，是昏聩的、十分不合格的，他的骄奢淫逸、大建宫室，是亡国的最主要原因。

在现代社会中，作为团队的领导，一定要知道骄奢淫逸的坏处，因为骄奢淫逸能够产生一系列的连锁反应，这些反应加在一起，足以使一个团队垮掉。

原文：

贞观元年，太宗谓侍臣曰："自古帝王凡有兴造，必须贵顺物情。昔大禹凿九山，通九江，用人力极广，而无怨者，物情所欲，而众所共有故也。秦始皇营建宫室，而人多谤议者，为徇其私欲，不与众共故也。朕今欲造一殿，材木已具，远想秦皇之事，遂不复作也。古人云：'不作无益害有益。''不见可欲，使民心不乱。'固知见可欲，其心必乱矣。至如雕镂器物，珠玉服玩，若恣其骄奢，则危亡之期可立待也。自王公以下，第宅、车服、婚嫁、丧葬，准品秩不合服用者，宜一切禁断。"由是二十年间，风俗简朴，衣无锦绣，财帛富饶，无饥寒之弊。(《贞观政要》)

译文：

贞观元年，太宗对侍臣说："自古帝王凡是有兴土木的大事，必须以物资人力来衡量利弊。当初大禹凿九山，通九江，用的人力极为多，而没有抱怨的人，这是因为顺应了力量，众人能享受建设成果。秦始皇营建宫室，但人民非常反对，因为始皇是为了满足其私欲，不和人民一起享受。朕现在想造一座宫殿，材木工具已经准备就绪，但想想秦始皇的事，所以打算放弃。古人曾说：'不做没有益处的事，只挑有益的做。''不显耀可以引起贪欲的财货，免得搞乱人民清净的心思。'所以可知显耀财货，他的心一定被污浊了。就像雕镂器物、珠玉服玩，如果只知道享受它们，那么灭亡的时候就能数着日子到来了。自王公以下，第宅、车服、婚嫁、丧葬，若装饰过于豪华，便一切都停止供应并查处。"所以二十年来，风俗简朴，衣服没有锦绣，财产富饶，没有饥饿的坏情况。

解读：

做一件事，要看是不是对大多数人有利，如果不是对大多数人有利，那就不要做，就要节俭。秦朝和隋朝之所以灭亡，也许这就是其中最重要的原因。

案例：

商朝亡国：无论如何，都是亡国之兆

一般而言，商朝之败有两说，其一，说帝辛在位后期，居功自傲，耗巨资建鹿台，造酒池，悬肉为林，修建豪华的宫殿园林，过着穷奢极欲的生活，使国库空虚。他刚愎自用，听不进正确意见，在上层形成反对派，使用炮烙等酷刑，镇压人民。杀比干，囚箕子，年年征战，失去人心。他在讨伐东夷之时，没有注意对西戎的防范，连年用兵，国力衰竭，又需面对其因长年征战而日积月累有增无减的大批俘虏如何处理等问题而造成负担。该段早已无法考究，由周武编写。

另一个说法是，帝辛重用奴隶，触犯贵族利益。周武一方给帝辛设立的六大罪状里，排前的便是“任用贱民为官”以及“以贱民辱贵族”。说白了就是纣王提前了一千年企图终结奴隶制社会，提前三千年想要玩民主……试想，商鞅七百多年后开启封建制都落了个车裂的下场，何况七百多年前呢？所以当时以周姬昌等为首的大奴隶主便一起联手杀了帝辛，于是商朝亡国。

不管是因为什么，反正最后的结果就是，约公元前1046年，周武王联合西方十一个小国会师孟津，乘机对商朝发起进攻，牧野之战，大批俘虏倒戈，周兵攻至朝歌。帝辛登上鹿台，穿上他缀有宝玉的衣服，投火自焚而死，商朝灭亡。而帝辛，也得到了“纣王”的称号，意思是暴虐的君主。

无论商朝是上面哪一种结果导致的覆亡，都是因为统治者不顾黎民百姓的切身利益：酒池肉林、重用奴隶，都是剥削百姓，不利于天下社稷的。

商朝的覆亡，虽说距今有三千多年的历史，但是对现代的管理者们依旧有着重要的借鉴意义：凡是侵犯大多人利益的事情，尤其是涉及兴建和花费钱财的事情，尤其如此。

原文：

往者贞观之初，率土霜俭，一匹绢才得粟一斗，而天下帖然。百姓知陛下甚忧怜之，故人人自安，曾无谤。自五六年来，频岁丰稔，一匹绢得十余石粟，而百姓皆以陛下不忧怜之，咸有怨言。又今所营为者，颇多不急之务故也。自古以来，国之兴亡不由蓄积多少，惟在百姓苦乐。（《贞观政要》）

译文：

从前贞观初年，普天下霜灾歉收，一匹绢只能换得粟一斗，但天下平静。百姓知道陛下非常关心爱怜他们，所以人人自安，从无讪谤抱怨之词。这五六年来，连年丰收，一匹绢可以换十几石粟，然而百姓认为陛下不关心爱怜他们，都有怨言，这是由于徭役过重，加以如今所兴办的事务，许多都是无关紧要的缘故。从古以来，国家兴亡不是由于积蓄的多少，而只在于百姓的苦乐。

解读：

民心是政治好坏的晴雨表，所以对民众征税是个技术活，不能因为国家富强了，就突然加重民众的负担，甚至收上来的这些赋税都是为一个享乐而为。

案例：

“滋生人丁永不加赋”背后的民心哲学

清圣祖康熙五十一年（1712年）二月二十九日，康熙帝向大学士、九卿等下诏书：“朕览各省督抚奏报编审人丁数目，并未把加增之数开报。天下承平已久，户口日多，若按人丁加征钱粮实有不可，人丁虽增，土地并未扩大。应令直省督抚，将现今钱粮册内有名丁数，不增不减，永为定额。”四月四日，康熙皇帝宣布，以康熙五十年（1711年）全国的丁银数额为永久的丁银征收定额，以后额外添丁，不再多征。此后所生人丁，不必征收钱粮。这样，清政府开始实行“滋生人丁永不加赋”政策。康熙年间，人丁增长很快，他们大都不入户籍。这样，国家对这些人无法进行控制和管理，地方官吏豪绅又乘机压榨，使贫苦百姓不得不迁徙、流亡。流动人口日益激增，必定干扰社会安宁，引起社会动荡。清政府为了通过改革赋役制度来控制人口，稳定社会秩序，便决定实行“滋生人丁永不加赋”政策。滋生人丁永不加赋，把全国丁银总额基本固定，从中央到地方不得随意增加，使广大农民负担相对稳定，逃亡人口减少，有利于农业生产的发展。此外，它还为以后清政府实行摊丁入亩政策奠定了基础，也为后来“康乾盛世”的开启奠定了赋税上的制度基础。

康熙五十一年，政治基本清明，民生相对安定，在这样的前提下，康熙帝依旧决定减免赋税，充分体现了他作为领导者的远见卓识，也体现了他对民心的体恤。

盛世更要在赋税上造福百姓，此前对农业税的免征亦然。

原文：

今百姓承丧乱之后，比于隋时才十分之一，而供官徭役，道路相继。兄去弟还，首尾不绝。远者往来五六千里，春秋冬夏，略无休时。陛下虽每有恩诏，令其减省，而有司作既不废，自然须人，徒行文书，役之如故。臣每访问，四五年来，百姓颇有怨嗟之言，以陛下不存养之。(《贞观政要》)

译文：

现在处于天下大乱之后，百姓人口相当于隋朝的十分之一。然而，如今徭役仍然很多，一个家庭里面兄长才回到家，弟弟又不得不离开了，并且往来征程几千里，一年四季，没有休止。陛下虽然仁德，每每下令减轻徭役，可是，有些部门按计划，还是需要不断征派百姓去服劳役。官府减轻劳役的文书不断下达，可是，百姓服役的征程依然如故。我常常去访问民间疾苦，这四五年来，老百姓之中已有很多抱怨之词了，他们认为陛下不体恤爱抚百姓。

解读：

对于节俭之风的贯彻执行，一定要监督好下面官吏的执行情况，如果下面执行不好，虽然上面有好的规划，但百姓还是会怨声载道。

案例：

道光皇帝：节俭也不能恢复康乾盛世的皇帝

在道光皇帝还是皇子的时候就已经表现出来了强烈的节俭意识。那是嘉庆二十三年（1808年）九月，他随父亲嘉庆皇帝前往盛京，也就是今天的沈阳祭奠先祖。晚上就住在沈阳故宫里，虽说是宫廷，但实际上相当局促简陋，不要说无法与北京的紫禁城相比，就是山西晋商的王家大院，也不知比沈阳故宫阔气多少倍。

嘉庆皇帝特意把旻宁领到了清宁宫东暖阁，又叫人从仓库里拿来了太祖努尔哈赤、太宗皇太极用过的遗物：已经没人会用的糠灯、牛皮制成的蠢笨的乌拉、不施油彩不加雕琢的拐杖。看着这些简陋的物品，听着父皇的讲解，回想着祖先创业的艰难，旻宁便立下了节俭律己的志向。

回到北京后，旻宁与妻子一说，二人一拍即合，立即找人搬走了房间里除了床铺桌椅以外的家具陈设。此后，每日下午四点前后打发太监出宫买烧饼。来回路远，太监怀里揣着烧饼，一路小跑，烧饼仍不免冰凉坚硬。夫妻二人毫无怨言，沏上一壶热茶，啃完烧饼，立即上床睡觉，这样，连灯都不用点了。而在他登上皇帝大位之后，便立即倡导节俭之风，并推而广之。

道光元年（1821年），他发表了一篇题为《御制声色货利谕》的节俭宣言书，表达了崇尚节俭的理想和倡导节俭的目标，并颁发至全国，号召各级官员认真学习，热烈讨论，深入领会，一片颂扬之声。但是，说起来容易，做起来就很难了。

正如现在人们所说的那样，上有政策，下有对策，道光皇帝说停止进贡，但各省官员谁也拿不准能不能当真，何况进贡本身对地方官来说也是有利可图。于是，心照不宣，宁左勿右，照常进贡。当然，进贡不叫进贡，叫孝敬，在皇上面前言辞再恳切些，不怕他不收。

于是，福建的荔枝、江西的春笋、云南的药材、浙江的茶叶、扬州的玉器、景德镇的瓷器等仍源源不断地送往北京。道光皇帝为难了，处分送孝敬品的各省官员？古语说得好，伸手不打送礼的，而且法不责众；如果将这些孝敬退回各省，运费就会翻番，想想都心疼；但如果接受了孝敬，岂不是出尔反尔？

这些进京送孝敬品的官员不厌其烦地劝说皇上，这些东西本是生活必需品，平时内务府都要到市场上去买。道光皇帝觉得这话有理，就马上下令

“赏收”。各省的差官无不欢天喜地、叩头谢恩、弹冠相庆。

道光皇帝的节俭意识，对于后期日渐奢靡的大清帝国来说，是一件好事，但也仅仅是节俭了他自己和皇后，其他的嫔妃和大臣，并非节俭，甚至是为了迎合皇帝的节俭而更加浪费。道光时期的百姓，已经开始怀念盛世，并有比较大规模的民变出现了。

在现代的团队管理当中也是这样，如要崇尚节俭，就一定要监督下面的执行情况，要贯彻落实，不能是“上有政策下有对策”，这样的话，节俭就成形式主义了。

原文：

汉文帝惜百金之费，辍露台之役，集上书囊以为殿帷，所幸夫人衣不曳地。至景帝以锦绣綦组妨害女工，特诏除之，所以百姓安乐。至孝武帝，虽穷奢极侈，而承文、景遗德，故人心不动。向使高祖之后即有武帝，天下必不能全。此于时代差近，事迹可见。今京师及益州诸处营造供奉器物，并诸王妃主服饰，议者皆不以为俭。臣闻昧旦丕显，后世犹怠，作法于理，其弊犹乱。陛下少处民间，知百姓辛苦，前代成败，目所亲见，尚犹如此，而皇太子生长深宫，不更外事，即万岁之后，固圣虑所当忧也。(《贞观政要》)

译文：

汉文帝顾惜百万资金，停止修建露台，他收集大臣们上书用的布囊来做大殿的帷幕，不让他宠爱的慎夫人的衣裙长得拖到地上。汉景帝认为织锦刺绣会妨碍女红，于是下令解散官府的作坊，让老百姓休养生息，安居乐业。汉武帝时，他虽然穷奢极欲，但还是继承了文帝、景帝的遗风，所以民心没有动摇。如果汉高祖之后就是武帝即位，那么汉代的江山必定不会保全。这些情况离当今较近，事情还了解得很清楚。现在，京城和益州等地正在大兴土木，各位王爷、妃嫔的服饰也极其精美，民间的舆论都认为这太奢侈。臣听说勤奋早起而功业盛大显赫的君主，后代还会因循懈怠；制定合乎常理的法令，久而久之还会出现弊端产生混乱。陛下年少时，生长在民间，知道百姓的辛苦。前代的成败，也看在眼里，尚且这样做，而太子生长在宫中，养尊处优，不知民间疾苦，将来即位之后，可想而知，情形堪忧啊。

解读：

节俭不只要从君主自身做起，更重要的是要管好身边的妻子儿女等，这些人仰仗君主，在生活上不知节俭，往往也会使风气变坏。再者，任用官员也要用知民间疾苦之人，不可用骄奢之人。

案例：

吴隐之：因知疾苦而居高位的清官

吴隐之（？—414 年），字处默，东晋濮阳鄄城人，生活于东晋后期。曾任中书侍郎、左卫将军、广州刺史等职，官至度支尚书。他虽家境贫寒，少之疾苦，但志存高远。他饱览诗书，以儒雅显于世。即使每天喝粥，也不受外来之财，母亲去世时，他悲痛万分，每天早晨都以泪洗面，行人皆为之动容。当时韩康伯是他的邻居，韩康伯之母常对康伯说："你若是当了官，就应当推荐像他那样的。"后来，韩康伯成了吏部尚书，便推荐吴隐之为辅国功曹。当时其兄坦之为袁真功曹，袁真被桓温打败，坦之被俘即将杀头。隐之拜见桓温，请以身赎兄，温认为隐之是难得的忠义之士，放坦之，奏拜隐之为奉朝请、尚书郎。女儿出嫁，谢石派人前来帮忙，但隐之宾客一个不请，嫁妆一件未置，但见丫鬟牵着狗到大街上去卖。后调任晋陵太守，妻子仍负柴做饭，孝武帝很器重他，任为御史中丞、左卫将军。后历任中书侍郎、国子博士、太子右卫卒、领著作郎、右卫将军等职。隆安年间（397—402 年），朝廷想革除岭南的弊端，任命隐之为龙骧将军、广州刺史、假节领平越中郎将。赴任途中行至距广州二十里处的石门，遇一山泉，当地人皆说喝了此泉之水就会变得贪婪无比，故名"贪泉"。隐之对家人说："如果压根儿没有贪污的欲望，就不会见钱眼开，说什么过了岭南就丧失了廉洁，纯属一派胡言。"说着走到泉边舀了就喝，并赋诗一首："古人云此水，一歃怀千金。试使夷齐饮，终当不易心。"上任后，他廉洁奉公，清简勤苦，始终不渝，所食不过是稻米、蔬菜和干鱼，穿的是粗布衣衫，住处的帐帷摆设均交到库房，有人说他故意摆样子，隐之笑而不语，一如既往。部下送鱼，每每剔去鱼骨，隐之对这种媚上作风非常厌烦，总是喝斥惩罚后赶出帐外。经过他的惩贪官、禁贿赂，广州官风有所好转。

他的节俭之名传到朝廷，元兴初，皇帝下诏，晋升他为前将军，赐钱五十万，谷千斛。吴隐之在广州多年，离任返乡时，小船上仍是初来时的简单行装。唯有妻子买的一斤沉香，不是原来的物件，隐之认为来路不明，立即夺过来丢到水里。到家时，只有茅屋六间，篱笆围院。刘裕赐给他牛车，另为他盖一座宅院，隐之坚决推辞掉了。后升任度支尚书、太常，隐之仍洁身自好，清俭不改，生活如平民。每得俸禄，留够口粮，其余的都散发给别人。家人以纺线度日，妻子不沾一分俸禄。

在现代的团队协作当中，团队领导者如要崇俭，用人就显得十分必要，一定要注意任用知道疾苦的下属。

原文:

今陛下虽以大功定天下，而积德日浅，固当崇禹、汤、文、武之道，广施德化，使恩有余地，为子孙立万代之基。岂欲但令政教无失，以持当年而已！且自古明王圣主虽因人设教，宽猛随时，而大要以节俭于身、恩加于人二者是务。故其下爱之如父母，仰之如日月，敬之如神明，畏之如雷霆。此其所以卜祚遐长而祸乱不作也。(《贞观政要》)

译文:

现在，陛下虽然创下奇功，平定了天下，但是，对百姓的恩德还很少，因此，应当推崇大禹、商汤、文王、武王之道，广布道德教化，为将来留有余地，为后世帝王创下稳固的基业。怎么可以认为只要当今的政治没有过失，保住今日的江山，就可以万事大吉了呢？而且，自古帝王虽然都根据当时的局势，制定或宽或严的具体政策，但节俭、施恩却是历代政治的根本。只有这样，百姓才会爱戴君王如同爱戴自己的父母，仰慕君王如同仰慕日月，尊敬君王如同尊敬神明，畏惧君王如同畏惧雷霆。这才是国家长治久安、没有动乱的原因。

解读:

节俭是历代政治最根本的风尚之一，要想政治清明，就必须厉行节俭，保持淳朴的民风。由俭入奢易，由奢入俭难。如果哪位君主奢侈，那后来者再改可就十分困难了。

案例：

明太祖朱元璋：由俭入奢易，由奢入俭难

明太祖朱元璋是以节俭著称于史的皇帝。他崇尚节俭的故事听起来也比较动人：称吴王时，将领献陈友谅镂金床，命毁之，以示厌恶奢侈；称帝后，一日三餐多食蔬菜，车舆装饰一律改金银为铜；老妻马氏虽为皇后，但常穿洗过的衣服，穿到褪色也舍不得丢弃；内监穿新靴在雨中行走，被杖责；见一朝官衣着鲜丽，费钱五百贯，斥责道："五百贯是农夫数口之家一年的开销，而你竟费于一衣，骄奢如此，岂非暴殄！"命其以后不可如此……

然而，从洪武二年（1369 年）九月癸卯朱元璋下诏以临濠为中都大兴土木开始，一直到洪武八年（1375 年）四月丁巳，朱元璋下诏罢中都为止，一共有六年时间。在这六年中，朱元璋动用了全国的巨大物资，调集了百万匠役，耗尽了难以计算的钱财。大功告成之际，朱元璋突然下令罢建中都。朱元璋首先来到滁州，畅游了琅琊山，并乘着酒兴，写下了《感旧记有序》，文中说："予因督功中都，途经滁阳，乘春之景，踏青西郊。细目河山，城雉如旧……"看得出来，朱元璋的心情不错，也看不出有罢建中都的丝毫痕迹。这一次朱元璋的凤阳之行，前后用了二十六天，在凤阳期间，主要做了两件事：一是细细检查了中都的建设情况，二是在皇陵进行了祭祀。当然，朱元璋祭祀的时间很短，大部分时间，都用于"验功"了。并且，《凤阳新书》中记载，朱元璋在凤阳时，住在"皇城内兴福宫"中。既然可以入住了，由此推断，当时的中都，已建设得差不多，只剩下一些扫尾工作了。——当时，因为中都的建设，全国百姓，尤其是被征召的工匠和他们的家人就更困苦了，当时还有《凤阳歌》来形容这件事情："说凤阳，道凤阳，凤阳本是好地方，自从出了朱皇帝，十年倒有九年荒；大户人家卖骡马，小户人家卖儿郎，奴家没有儿郎卖，身背花鼓走四方，手拿着锣鼓来唱歌，别的歌儿我也不会唱，倒会唱个凤阳歌！"

朱元璋开始的时候崇尚节俭，自从开始建设中都，就开启了奢侈之风，并且不好减缩了，由此，可以知道：由俭入奢易，由奢入俭难。

在现代的团队当中，如果领导崇尚节俭，那么就一直崇尚节俭，万不可开头的时候崇尚节俭，后来再半途而废，这样，想再恢复节俭之风，就不那么容易了。

原文：

贞观二年，公卿奏曰："依《礼记》，季夏之月，可以居台榭。今夏暑未退，秋霖方始，宫中卑湿，请营一阁以居之。"太宗曰："朕有气疾，岂宜下湿？若遂来请，靡费良多。昔汉文将起露台，而惜十家之产，朕德不逮于汉帝，而所费过之，岂为人父母之道也？"固请至于再三，竟不许。（《贞观政要》）

译文：

贞观二年，公卿上奏说："依《礼》中所讲的，六月夏日，可以居住在凉台，但是现在夏天暑气没有退却，秋天凉气刚刚开始，皇宫中非常潮湿，所以请求修建一座暖阁让您居住。"太宗说："朕有哮喘病，难道就不怕潮湿？但如果修建的话，会浪费许多人力物力。以前汉文帝想修建露台，因为怜惜十户百姓家产，朕功德不及汉文帝，而比他还要奢侈浪费，难道是为人父母的道理吗？"所以再三上书，太宗就是不允许。

解读：

对于大臣再三上书，唐太宗坚持了原则，这就为臣下做了表率，那么臣下怎么能不保持节俭之风呢？

案例：

汉文帝：节俭的皇帝造就节俭的官场风气

北宋文学家吴垌《五总志》上有汉文帝刘恒“履不藉以视朝”的记载。草鞋最早的名字叫“屦”。由于制作草鞋的材料以草和麻为主，非常经济，且取之不尽用之不竭，平民百姓都能自备，汉代称之为“不藉”。汉文帝时，已经有了布鞋，草鞋沦为贫民的穿着，而汉文帝刘恒以“履不藉以视朝”，就是说他穿着草鞋上殿办公，做了节俭的表率。不仅是草鞋，就连他的龙袍破了，也是让皇后给他补一补，再穿。汉文帝自己穿粗布衣服不说，后宫嫔妃也是朴素服饰。古代皇帝住的宫殿，大都要修又大又漂亮的露台。汉文帝也想造一个露台，他找到工匠，让他们算算要花多少钱。工匠们说：“不算多，一百斤金子就够了。”汉文帝吃了一惊，又摇头又摆手，说：“现在朝廷的钱很少，还是把这些钱省下吧。”汉文帝当皇帝二十三年，居然没有盖宫殿，没有修园林，没有增添车辆仪仗，甚至连狗马都没有增添。他关心百姓的疾苦，刚当皇帝不久，就下令：由国家供养八十岁以上的老人，每月都要发给他们米、肉和酒；对九十岁以上的老人，还要再发一些麻布、绸缎和丝绵，给他们做衣服。

在他死前，最后安排了一次节俭的活动——他的丧葬。他在遗诏中痛斥了厚葬的习俗，要求为自己从简办丧，对待自己的归宿“霸陵”，明确要求：“皆以瓦器，不得以金银铜锡为饰，不治坟，欲为省，毋烦民。”由于汉文帝这种廉洁爱民的精神和励精图治的实践，才造就了“文景之治”的盛世，也造就了当时官场上清廉的吏治，为臣子们做出了至高的表率。

在现代社会的团队当中，要想自己的团队行节俭之风，自己就先要做出相应的表率作用。

原文：

朕居四海之尊，承百王之弊，未明思化，中宵战惕。虽送往之典详诸仪制，失礼之禁著在刑书，而勋戚之家多流遁于习俗，闾阎之内或侈靡而伤风，以厚葬为奉终，以高坟为行孝，遂使衣衾棺椁极雕刻之华，灵车而冥器穷金玉之饰。富者越法度以相尚，贫者破资产而不逮，徒伤教义，无益泉壤，为害既深，宜为惩革。其王公以下，爰及黎庶，自今以后，送葬之具有不依令式者，仰州府县官明加检察，随状科罪。在京五品以上及勋戚家，仍录奏闻。(《贞观政要》)

译文：

我位居四海之尊，承接百王之弊，如果不明白如何教化百姓，睡到半夜都会为之恐惧忧虑。虽然现在丧葬的法规，在仪制中已经有详细的记载，对违礼的处罚，也在刑书中写明了，但是皇亲贵族之中依然有很多人还在沿袭着陈旧的习俗，民间很多百姓也在葬礼时奢侈靡费，伤风败俗，用厚葬来供奉死者，用高坟来表示孝道，衣衾棺椁，力求雕刻华丽，灵车冥器，也尽用金玉装饰。富贵人家破坏法度，相互炫耀，贫穷之家倾家荡产，彼此攀比，这样做有伤风俗，无益教化，造成的危害已经很深了，现在，对此应予惩治革除。凡王公以下，直至百姓，从今以后，希望各州府的官员严格检查，葬礼如有不遵照律令格式的，根据情节定罪。京城里五品以上官员和皇亲贵族如有违反，要写下罪状上奏朝廷。

解读：

节俭很容易在不为人注意处失去效用，特别是惯有的习俗传统中。比如这里所举的葬俗，当今就有许多人在这方面铺张浪费，起了很坏的作用。

案例：

慈禧的六十大寿：生日过成国难日

慈禧的六十岁生日，是1894年阴历甲午年十月初十。为了举办隆重的庆典，一年前就已着手筹备。慈禧晚年的行事作派，处处刻意模仿乾隆。乾隆晚年营建了宁寿宫，以备将皇位传给儿子嘉庆之后，做太上皇时养老居住。慈禧也于1889年五十五岁时，宣布撤帘归政给已经大婚亲政的光绪皇帝之后，搬入宁寿宫居住。乾隆过生日时，要去圆明园庆贺，并在沿途大摆排场，慈禧也计划去颐和园风光一回。

慈禧的具体计划是，到了六十岁生日那天，早上先在皇宫接受王公大臣的朝贺，然后大排銮驾，浩浩荡荡，出皇宫西华门，走北长街，折向西安门大街，经西四路口，往北沿西四北大街，经新街口，出西直门，直奔颐和园。然后在颐和园内听大戏，开大宴。为此，慈禧命军机大臣、礼亲王世铎担任庆典总办，按照当年乾隆的气派，除将皇宫、颐和园妥为筹办外，还要在西华门至颐和园的几十里大道旁，沿途点缀景观，搭建经坛、戏台、彩殿、牌楼，组织僧人道士做道场，戏班演戏，夹道欢迎，供途中观览，这就是庆寿“点景”工程。西四路口的两座转角楼，就是在这次“点景”工程中营建的。建此楼的作用，一是可以遮掩后面不够美观的民居，二是增添喜庆气氛，三是可以在楼上制高点设置警戒。不料，正当庆典筹备紧锣密鼓进行之时，1894年7月，日本舰队在黄海挑起甲午战争。8月1日，中日互下宣战书。众所周知，慈禧的颐和园，是挪用了海军经费建成的，所以后来有人作诗讽刺说，北洋水师的铁舰全军覆没，倒是颐和园的石头船永不会沉。战争搅乱了慈禧的庆寿计划。没有心情，也没有脸面的慈禧，不得不在9月25日下旨，取消在颐和园的庆典及沿途的“点景”工程。史载，1894年11月7日（阴历十月初十），慈禧的六十岁生日，只是在宁寿宫中黯然度过的。

慈禧过生日，一向为人诟病。做生日，本是平常人家也会做的事情，慈禧身为太后，也有这样的想法，是可以理解的，只是她不知是不是故意的，忘记了自己的身份，于是在生日这件小事上，大臣们大费周章，搜刮民脂民膏，渐成浪费之风。

在现代社会中，如果作为团队的领导，想要提倡节俭的话，一定要注意细节，尤其注意节庆时节。这个时候，是人感情上最为浓重的时候，最容易忽略一些事情。

原文：

岑文本为中书令，宅卑湿，无帷帐之饰。有劝其营产业者，文本叹曰：“吾本汉南一布衣耳，竟无汗马之劳，徒以文墨致位中书令，斯亦极矣。荷俸禄之重，为惧已多，更得言产业乎？”言者叹息而退。（《贞观政要》）

译文：

岑文本担任中书令要职，但他的房宅却低下潮湿，没有帷帐之类的装饰。有人劝他买房置地，文本叹息道：“我本来只是汉水南边的一个平民百姓，并没有什么汗马功劳，只是凭借一点文墨，就当上了中书令，我已经很满足了。现在我享受着这么高的俸禄，已经感到很惭愧了，还买房置地干什么呢？”听他这么说，劝他的人叹息着离开了。

解读：

提倡节俭，当然需要在大臣当中找到许多榜样，这些榜样进而会影响众多的官员去效仿，这样节俭之风自然就会形成了。

案例：

范质：一生清廉的官吏榜样

范质，字文素，五代时期大名府宗城县人。范质九岁能写文章，十三岁就精通《尚书》，教授学生，后来历事五朝，因为德才兼备而受到宋太祖重用，宋朝初年被任为侍中，相当于宰相，后进封鲁国公。其为官耿直清廉，崇尚节俭。

范质生病在家，宋太祖路过其住处前去探望，赏赐他很多金银，范质认为现在太祖刚即位，还没有分封有功之臣，于是特地上书，请皇帝对有功之臣论功行赏，并且推荐了吕余庆、赵普等栋梁之材，得到了宋太祖的赞赏和采纳。

之前有宰相向地方索取贿赂的贪腐恶习，但范质为相后，以节俭著称，此贪腐风气从此根除。他为官期间，从没有接受过各地的赠送，他所得到的俸禄和赏赐，大多周济给了孤苦无依的人。他家的饭菜饮食从不讲究，都普通至极。

临终之前，范质告诫儿子不要为他请求谥号，不要为他刻碑。去世之后，他的家中都没多余的钱财。宋太祖听到噩耗，悲伤惋惜而取消了朝会，还曾对侍臣说："朕听说范质只有居住的宅第，没有经营产业，这是真正的宰相啊！"宋太宗也曾经称赞他说："宰辅当中能遵循规矩、慎重名器、保守清廉节操的，没有超过范质的。"

宋太祖在范质生病的时候去看望，并赐给他很多东西，加以奖励，以号召群臣学习他的清廉。范质十分感恩宋太祖，于是在他做了宰相之后，依旧以节俭著称，官场贪腐风气从此大有收敛之势。

在对范质的奖励与任用上，宋太祖十分会把握事态，树立了这一个榜样，果真形成了较为清廉的官场风气，这就是树立榜样的力量。

在现代的团队管理当中，想要团队运作良好，尤其是在追求利益最大化和提倡建设环境友好型社会的今天，一定要在节能减排与节约节省上树立典型，这样才能使自己的团队做到跟得上形势，顺势而为。

选将卷

第九

原文：

夫将者，君之所恃也；兵者，将之所恃也。故君欲立功者，必推心于将；将之求胜者，先致爱于兵。夫爱兵之道，务逸乐之，务丰厚之，不役力以为己，不贪财以殉私。内守廉平，外存忧恤。昔窦婴为将，置金于廊下，任士卒取之。私金且犹散施，岂有侵之者乎！吴起为将，卒有病痈者，吴起亲自吮之。其爱人也如此，岂有苦之者乎！（《臣轨》）

译文：

为将之人，是君王所依靠的；当兵之人，是将帅所依靠的。所以君王若想建功立业，必须与将帅推心置腹；将帅要想取得胜利，首先要爱护士兵。爱兵之道，就是务必使他们安乐，务必使他们财物充足，不让他们为自己出力，不贪污军资为己用。将帅自己要清廉公平，对士兵要有抚恤之情。西汉窦婴为将时，把金子放于廊下，任士兵们取用。将帅自己的金子都散施，怎么能让士兵受到伤害呢！春秋吴起为将时，士兵中有得病起疮之人，吴起亲自为其疮吸脓。吴起这样爱士兵，怎么能让士兵受苦呢！

解读：

君王对于将帅之人首先要爱护，同时为将之人也要爱护士兵，一个不爱护士兵的将帅，靠谁去打仗，又怎么能取胜呢？

案例：

飞将李广：爱护士兵造就的传奇将军

李广为将廉洁，常把自己的赏赐分给部下，与士兵同吃同饮。

他做了四十多年俸禄二千石的官，家里没有多少多余的财物，始终不谈购置家产的事，深得官兵爱戴。李广身材高大，臂长如猿，有善射天赋，他的子孙向他人学射箭，但都不及李广。李广不善言辞，与人闲居时亦以射箭来赌酒为乐，一生都以射箭为消遣。李广爱兵如子，凡事能身先士卒。行军遇到缺水断食之时，见水，士兵不全喝到水，他不近水边；见食，士兵不全吃遍，他不尝饭食。对士兵宽缓不苛，这就使得士兵甘愿为他出死力。

在元狩四年（前 119 年）的漠北之战中，李广由于地形不熟，加之与卫青、霍去病等人有矛盾，造成部署错误，甚至迷路。

后来卫青派长史送给李广干粮和酒，顺便向李广、赵食其询问迷路情况，要给汉武帝上书报告军情。李广没有回答。卫青派长史急令李广幕府人员前去受审对质。

在生命的最后，李广说："校尉们无罪，是我迷失道路，我现亲自到大将军幕府去受审对质。"到大将军幕府，李广对他的部下说："我从少年起与匈奴作战七十多次，如今有幸随大将军出征同匈奴军队交战，可是大将军又调我的部队走迂回绕远的路，偏偏迷路，难道不是天意吗？况且我已六十多岁，毕竟不能再受那些刀笔吏的污辱。"于是就拔刀自刎了。李广军中将士都为之痛哭。一直到死，李广还是自己承担责任，保护属下军士。

李广在爱护士兵方面，纵观悠悠青史，都是名列将领前茅的。汉武帝起用他，对属下士兵是巨大的鼓舞，并取得了很多胜利，只可惜当时正值政治斗争，李广作为一个武将，政治嗅觉并不十分灵敏，只得最终以自刎告终。

在将帅型人才的选拔上，最重要的一点，就是要看他的属下对自己上司的风评，由此就可以知道这个人是否关心爱护下属，是否与下属同心同德，这和古代的将帅一定要爱兵如子是同理的。

原文：

夫将者，心也；兵，体者也。心不专一，则体不安；将不诚信，则卒不勇。古之善将者，必以其身先之。暑不张盖，寒不被裘。军井未达，将不言渴；军幕未辨，将不言倦。当其合战，必立矢石之间，所以齐劳逸、共安危也。(《臣轨》)

译文：

将帅就如身体中的心脏，士兵就如身体之四肢，如果心不专一，那么四肢就会不安；将帅如果不诚信，士兵就不英勇。古代善战之将帅，必身先士卒。将帅夏天不打伞避暑，冬天不穿裘皮御寒。军井没有到达，将帅不会说口渴；军帐没有看到，将帅不会说困倦。当一起作战时，将帅必须在弓箭和滚石中战斗。因此，将帅应该与士兵一起战斗，安危与共。

解读：

将帅必须是士兵的榜样，正所谓官兵一体，不能搞什么特殊化，这样才能鼓舞士兵的斗志，否则就会离心离德，使军队没有斗志。

案例：

赤壁之战：失败者的悲壮之歌

在赤壁之战当中，曹操的轻敌自负，早有定论，但是在作战过程当中，曹魏士兵们所表现出的存亡一体的气概，是十分令人动容的。

建安十三年（208年）冬十二月十二日，周瑜率领军队在樊口与刘备会合。然后两军逆水而上，行至赤壁，与正在渡江的曹军相遇。曹军当时已遭瘟疫流行，而新编水军及新附荆州水军难以磨合，士气明显不足，因此初战被周瑜水军打败。曹操不得不把水军“引次江北”与陆军会合，把战船靠到北岸乌林一侧，操练水军，等待良机。周瑜则把战船停靠到南岸赤壁一侧，隔长江与曹军对峙。

当时曹操因为北方士卒不习惯坐船，于是将舰船首尾连接起来，人马于船上如履平地。周瑜部将黄盖于是建议：“今寇众我寡，难与持久。然观操军船舰首尾相接，可烧而走也。”

至战日，黄盖准备了十艘轻利之舰，满载薪草膏油，外用赤幔伪装，上插旌旗龙幡。当时东南风急，十艘船在中江顺风而前，黄盖手举火把，使众兵齐声大叫：“降焉！”曹军官兵毫无戒备，“皆延颈观望，指言盖降”。离曹军二里许，黄盖遂令点燃柴草，同时发火，火烈风猛，船往如箭，烧尽北船，延及岸上各营。顷刻之间，烟火障天，曹军人马烧死、溺死者无数。在对岸的孙刘联军横渡长江，趁乱大败曹军。曹操见败局已无法挽回，当即自焚剩下的战船，引军沿华容小道（今湖北监利北），向江陵方向退却，周瑜、刘备军队水陆并进，一直尾随追击。此战中曹军伤亡过半，曹操回到江陵后，恐赤壁失利而使后方政权不稳，立即自还北方，留曹仁、徐晃等继续留守南郡（治所江陵），而后委任乐进守襄阳、满宠代理奋威将军，屯于当阳。孙刘联军取得了赤壁之战的胜利。

值得注意的是这些场景：“曹操因为北方士卒不习惯坐船，于是将舰船首尾连接起来，人马于船上如履平地”。——这一举动，被认为是赤壁之战失败的最主要原因。然而，换一个角度看的话，并不适合水上作战的北方曹将士，除了这个办法，还能如何与擅长水上作战的江南东吴对抗呢？！——当时黄盖点燃火把后，船上将士，死伤无数，并非只有士兵阵亡，这不正好在另一方面体现了曹军的官兵一体吗？——所以，以现代的角度看来，赤壁之战，曹军虽败尤荣。

在现代的管理学中也是这样，团队领导必须在必要的时候与属下肩并肩站在一起，协同作战，只有这样，才能鼓舞团队士气，最终取得成功。

原文：

夫将有五材四义。知不可乱，明不可蔽，信不可欺，廉不可货，直不可曲，此五材也。受命之曰忘家，出门之曰忘亲，张军鼓宿忘主，援桴合战忘身，此四义也。将有五材四义，百胜之术也。(《臣轨》)

译文：

将领有五种才能和四种忠义。心志不可混乱，智慧不可被蒙蔽，诚信不可被欺骗，清廉不可被贿赂，正直不可被弯曲，这是五种才能。接受君命后要忘记家庭，在外征战要忘记亲人，出征进军要忘记君主，临阵对敌时要忘记自身，这是四种忠义。将领有了这五种才能和四种忠义，就会百战百胜。

解读：

上面对将领提出的五材四义，也具有现实意义。如果任用的人是不稳重、不智慧、不诚信、不清廉、不正直的人怎么能做成事？如果任用的人做事时常想着家庭、亲人、自身，怎么能专心做事？

案例：

廉颇：正直将领的正直人生

廉颇一生，除了长平之战，最著名的事迹，大概就是负荆请罪了。对于负荆请罪，阐发的角度不同，得出的结论大多不一，在此，做一次新的阐发。

在蔺相如出使秦国回来后，官位封赏要高于廉颇，廉颇还因此对蔺相如出言不逊，这是一直都有明文记载的。于是相如的门客就一起来直言进谏说："我们所以离开亲人来侍奉您，就是仰慕您高尚的节义呀。如今您与廉颇官位相同，廉老先生口出恶言，而您却害怕躲避他，您怕得也太过分了，平庸的人尚且感到羞耻，何况是身为相的人呢！我们这些人没出息，请让我们告辞吧！"蔺相如坚决地挽留他们，说："诸位认为廉将军和秦王相比谁厉害？"回答说："廉将军比不了秦王。"相如说："以秦王的威势，我却敢在朝廷上呵斥他，羞辱他的群臣，我蔺相如虽然无能，难道会怕廉将军吗？但是我想到，强大的秦国之所以不敢攻打赵国，就是因为有我和廉将军在呀，如今两虎相斗，势必不能共存。我所以这样忍让，就是为了把国家的急难摆在前面，而把个人的私怨放在后面。"廉颇听说了这些话，就脱去上衣，露出上身，背着荆条，由宾客带引，来到蔺相如的门前请罪。他说："我是个粗野卑贱的人，想不到将军您是如此的宽厚啊！"二人终于相互交欢和好，成为生死与共的好友。

一般而言，这个故事都是被用来说明蔺相如的胸怀广大、不讲个人恩怨，可是，站在另一个角度想想的话，如果廉颇一直死硬下去，坚决不道歉，这件事情也并不能有这样一个好的结局收场。所以，就此来看，廉颇虽然是一员武将，但是胸怀也十分宽广，并且为人正直，愿意时时修正自己的错误，而他的胸怀宽广为人正直，也是成为一名优秀将领的必备条件啊。

在团队协作当中，对人员的任用除了才华，正直、清廉的品行和稳重不冒进的行事风格也十分重要，这些特质，虽然不能一时见效，但是时间一长，就能够体现在一个团队中的作用了：维护团队的稳定发展。

原文：

昔魏武侯问吴起曰："兵以何为胜？"吴子曰："兵以整为胜。"武侯曰："不在众乎？"对曰："若法令不明，赏罚不信，金之不止，鼓之不进，虽有百万之师，何益于用。所谓整者，居则有礼，动则有威；进不可当，退不可追；前却如节，左右应麾。与之安，与之危，其众可合而不可离，可用而不可疲。"是之谓礼将也。吴起临战，左右进剑。吴子曰："夫提鼓挥桴，临难决疑，此将军也。剑之任非将事也。"（《臣轨》）

译文：

战国时，魏武侯问："军队靠什么打胜仗？"吴起答："靠严格治理才能打胜仗。"魏武侯又问："不在于兵力多少吗？"吴起答："如果法令不严明，赏罚无信用，鸣金不停止，擂鼓不前进，虽有百万之众，又有什么用处？所谓治理好，就是平时守礼法，战时有威势，前进时锐不可当，后退时速不可追，前进后退有节制，左右移动听指挥，虽被隔断仍能保持各自的阵形，虽被冲散仍能恢复行列。上下之间同安乐、共患难，这种军队，能团结一致而不会离散，能连续作战而不会疲惫。"以上就是治理得好的将帅。吴起临出征时，旁边的军士进献宝剑。吴起说："提着鼓挥着鼓槌，遇到困难解决疑惑，这才是将军。用剑之术不是将军的事。"

解读：

为将之人是要善于治军之人，如果不能把军队训练好，那么作战时就不能取胜，所以为将之人要是善于将兵之人。

案例：

岳家军的大胜与岳王爷的治军之道

岳飞在后世地位崇高，甚至有“岳王爷”之称，岳家军也以骁勇善战闻名青史，这些都与岳飞的治军之道是分不开的。

皇帝当初要为岳飞营造宅第，岳飞推辞说：“敌人还没有消灭，怎么能安家呢？”有人问岳飞：“天下什么时候可以称为太平？”岳飞回答说：“当文官不爱钱财专心为民谋利，武官不惧牺牲奋勇为国效力的时候，天下就太平了。”

军队每天休整的时候，岳飞都会督促将士爬斜坡，跳战壕，而且都是穿着沉重的铠甲练习。士卒凡是有拿百姓的一缕麻来捆扎喂牲口的草料的，立刻处斩示众。士卒们夜间住宿，百姓愿意开门接纳士卒入内，士卒也没有一个人敢进去，军队有口号“冻死不拆屋，饿死不掳掠”。士兵有的病了，岳飞亲自为他调制药品。手下的诸位将领去远方征讨，岳飞的妻子便慰劳他们的家人，对为国事而死的人，为他痛哭并收养他的孩子。凡是赏赐犒劳的物品，岳飞都会平均分给自己的将士，一丝一毫都没有占有。

张俊曾问岳飞用兵的方法，岳飞回答说：“仁义、信用、智慧、勇敢、严厉，缺一不可。”每次调运军粮，岳飞一定皱起眉头忧虑地说：“东南地区的民力快用尽了啊！”岳飞尊重贤能礼遇士人，平时唱唱雅诗，玩玩投壶游戏，谦逊谨慎得像个读书人。岳飞每次辞谢立功后朝廷给他加官时，一定说：“这是将士们贡献的力量，我岳飞又有什么功劳呢？”

归纳起来，岳飞的治军之道有以下几个要点。（1）日常训练严格要求。（2）军纪严明，对百姓秋毫无犯。（3）优待士卒。（4）作战布置严密，难以撼动。（仁、信、智、勇、严。）有了这几点，才有骁勇善战，又风评极佳的岳家军。

在现代社会当中，善于团队协作的管理型人才是最能够得到任用的，因为团队协同工作，协调能力显得十分重要，因此，能够带领团队进行整体规划和运作的人才也越来越多地受到高层领导者的喜爱。

原文:

武德中，以平萧铣、辅公祏功，靖历迁扬州大都督府长史。太宗嗣位，召拜刑部尚书。贞观二年，以本官检校中书令。三年，转兵部尚书，为代州行军总管，进击突厥定襄城，破之。突厥诸部落俱走碛北，北擒隋齐王暕之子杨道政，及炀帝萧后，送于长安。突利可汗来降，颉利可汗仅以身遁。太宗谓曰:“昔李陵提步卒五千，不免身降匈奴，尚得名书竹帛。卿以三千轻骑，深入虏庭，克复定襄，威振北狄，实古今未有，足报往年渭水之役矣。”以功进封代国公。(《贞观政要》)

译文:

唐武德年间，因平定萧铣、辅公祏的功劳，李靖被升迁为扬州大都督府长史。唐太宗继位后，他又被召回京城，任命为刑部尚书。贞观二年，被提升为中书令。贞观三年，转任兵部尚书，兼任代州行军总管，率领军队进攻突厥，平定襄城，大破突厥，使突厥各部落逃亡碛北。在这次战争中，李靖擒获了隋朝齐王杨暕的儿子杨道政以及隋炀帝的皇后萧氏，并将他们押送到长安。后来，突利可汗前来投降，只剩下颉利可汗一个人逃跑了。太宗说:“汉代李陵率领五千步兵作战，还免不了投降匈奴，即使这样，也可以名垂青史。你能够凭三千骑兵，深入敌人内部并战胜敌人，平定襄城，威震北方夷狄，这样的事的确亘古未有，如此功劳足可以弥补过去渭水之战的过失了。”由于李靖功勋显赫，唐太宗加封他为代国公。

解读：

将帅之材，要善于打以少胜多的仗，不能只是勇猛就可以，这样只是匹夫之勇。李靖就是古代善于以少胜多的良将，可做将帅之榜样。

案例：

官渡之战：帝王也是良将出身

官渡之战，是历史上著名的以少胜多的战役，曹操以两万不到的士兵，对阵十余万大军，并最终歼七万余人。

东汉末年，腐朽不堪的东汉政权分崩离析，名存实亡。在连年征战的背景下，官渡之战，这场东汉末年“三大战役”之一，也是中国历史上著名的以弱胜强的战役之一由此爆发。东汉献帝建安五年（200 年），曹操军与袁绍军相持于官渡（今河南中牟东北），在此展开战略决战。曹操奇袭袁军在乌巢（今河南封丘西）的粮仓，继而击溃袁军主力。此战奠定了曹操统一中国北方的基础。此战曹操善择良策，攻守相济，屡出奇兵，巧施火攻，焚烧袁军粮草，对获取胜利起重大作用，集中体现了曹操卓越的用兵谋略和指挥才能，是中国历史上以少胜多的著名战例。反观袁绍，内部不和，又骄傲轻敌，刚愎自用，屡拒部属的正确建议，迟疑不决，一再丧失良机。终致粮草被烧，后路被抄，军心动摇，内部分裂，全军溃败。

在这场战役中，曹操战略运用得当，战机把握准确，并且善于利用袁绍的轻敌心理，工作做得十分到位，哪怕只凭此一役，曹操都可以跻身著名军事家行列。

曹操在历史上和在民间得到的评价都十分两极化：才华横溢与大奸大恶并存，抛开其他的不谈，单就官渡之战一役来说，曹操的军事才能已经体现得淋漓尽致，堪称良将。

运用到现代的管理学理念中，就是要善于分析我方和竞争对手的形势，根据形势采取适当的策略，这样才能增加取胜把握。

原文:

此后，颉利可汗大惧，四年，退保铁山，遣使入朝谢罪，请举国内附。又以靖为定襄道行军总管，往迎颉利。颉利虽外请降，而心怀疑贰。诏遣鸿胪卿唐俭、摄户部尚书将军安修仁慰谕之，靖谓副将张公谨曰:“诏使到彼，虏必自宽，乃选精骑赍二十日粮，引兵自白道袭之。”公谨曰:“既许其降，诏使在彼，未宜讨击。”靖曰:“此兵机也，时不可失。”遂督军疾进。行至阴山，遇其斥候千余帐，皆俘以随军。颉利见使者甚悦，不虞官兵至也。靖前锋乘雾而行，去其牙帐七里，颉利始觉，列兵未及成阵，单马轻走，虏众因而溃散。(《贞观政要》)

译文:

从此，颉利可汗对唐军十分害怕，不敢轻举妄动。贞观四年，他们退到西北一带，并派遣使者到唐朝谢罪，请求全国归降，作为唐的臣民。接到投降的消息，太宗又任命李靖为行军总管，前往迎接颉利可汗。颉利可汗虽然表面称降，其实心怀不轨。太宗派遣鸿胪卿唐俭、摄户部尚书将军安修仁奉命安抚慰问。李靖看出投降者的险恶用心，决定将计就计。他对副将张公谨说:“传诏书的使者到了那儿的时候，敌人必然放松警惕，你挑选精锐的骑兵带好二十天的粮食，领兵从白道偷袭攻击他们。”张公谨不解其意，说:“既然我们答应他们投降，我们的使者又在他们那里，征讨恐怕不合适吧。”李靖说道:“这是用兵消灭他们的大好机会，千万不可以失去。”于是他率领军队迅速前进，行到阴山的时候，凡是遇到颉利可汗的人，都抓住他们随军前行。

颉利可汗看到唐的使者，十分高兴，根本没有料到唐的军队到了。李靖军队的前锋凭借大雾前进，十分隐秘，到了距离颉利可汗的军帐七里左右才被他们发觉。颉利可汗的军队措手不及，还没来得及摆好阵势，颉利可汗一个人就骑马逃跑了，敌兵乱作一团，四处溃逃。

解读：

为将者要善于利用有利时机，切不可不知变通。古代的名将大多都是足智多谋、临阵多变，选将就要选此等人才。

案例：

徐晃：临阵多变的常胜将军

徐晃，字公明，生年不详，卒于魏明帝曹叡太和元年（227 年），河东杨（今山西洪洞县）人。徐晃年轻时曾做河东郡小吏，因随杨奉讨伐董卓有功，升为骑都尉。李榷、郭汜长安火并之后，他又随杨奉护送汉献帝东入洛阳。汉献帝建安元年（196 年），曹操于开封击败杨奉，徐晃便投奔了曹操。从此，他便成为曹操的一名忠实战将，跟随曹操转战于大河上下、江淮之间，为曹魏的立国建立了功勋。

徐晃不仅勇猛过人，而且善于用兵，往往能够避敌强大，改其虚弱，以少胜多。建安十六年（211 年），曹操发兵进取关中，徐晃奉令屯守汾阴，以镇抚河东。当曹军主力进至潼关后，遇到关中军阀马超等人阻击，不得前进。曹操使召徐晃商讨进兵之策。徐晃认为，由于曹军主力陈兵边潼关以东，调动了关中诸侯悉出潼关防守。这样，黄河西岸的关中军队已无劲旅，防守空虚，如果乘其虚弱，渡河而西，再转而南攻，曹军就能胜利。曹操听取了他的意见，并令其率兵先行渡河，占领阵地，然后曹军主力全部渡过黄河，南攻潼关，剪除了关中的割据势力。他在解除樊城、襄阳之围的战役，也采取了类似的策略，声东击西，调动了蜀军主帅，而后乘虚袭击，赢得了胜利。

徐晃善于领兵作战，在史书中多有记载，并且徐晃摆兵布阵并无一定的准则，经常临阵改变战术，弄得敌人摸不着头脑，并以此招数取得了很多场战役的胜利。对徐晃的任用，曹操从来都不避讳。他认为徐晃善于征战，有勇有谋，是不可多得的将帅之材，多次对徐晃进行提拔。徐晃死后得到“壮侯”的谥号，子徐盖继嗣。

正始四年（243年），徐晃得享从祀于曹操庙庭。这对于一个大臣来说，是最高的荣誉。

曹操本身就是智勇双全、善于征战的政治家，所以，他对于徐晃的任用也有着自己清晰的思路，并最终达到了理想的效果，甚至荫及子孙，这令人不得不佩服曹操的选将之术。

在团队协作的过程当中，领导人的眼光十分重要。任用人才的时候，需要多方面考量，有的时候就需要任用策略多变的下属，以迷惑竞争对手。

原文:

李绩，在并州凡十六年，召拜兵部尚书，兼知政事。时遇暴疾，验方云须灰可以疗之，太宗自剪须为其和药。顿首见血，泣以陈谢。太宗曰:“吾为社稷计耳，不烦深谢。”十七年，高宗居春宫，转太子詹事，加特进，仍知政事。太宗又尝宴，顾曰:“朕将属以孤幼，思之无越卿者。公往不遗于李密，今岂负于朕哉！”雪涕致辞，因噬指流血。俄沉醉，御服覆之，其见委信如此。每行军，用师筹算，临敌应变，动合事机。自贞观以来，讨击突厥、颉利及薛延陀、高丽等，并大破之。太宗尝曰:“李靖、李绩二人，古之韩、白、卫、霍岂能及也！”(《贞观政要》)

译文:

李绩，在并州镇守了十六年，被朝廷召回任命为兵部尚书，兼知政事。李绩有次忽然重病，验方上说用胡须烧的灰可以治好，唐太宗亲身剪下自己的胡须给他和药。李绩叩头出血，哭着谢恩。太宗说:“我这是为社稷打算，不用感谢。”贞观十七年，高宗还在东宫时，调任李绩为太子詹事，追加特进的待遇，仍担任知政事。太宗又曾设宴，宴席上，太宗回头对李绩说:“我想托付年幼的太子，考虑下来没有再比你合适的人选。你过往能不忘李密，如今怎么会做对不起我的事情！”李绩擦着眼泪回话，把自己的手指咬出血来。不一会儿李绩喝得大醉，太宗把御服盖在他身上。他就是这样地被委任信用。李绩每次行军作战，用兵筹划，临敌应变，都能做得很确当。从贞观以来，李绩奉令讨伐突厥颉利可汗和薛延陀、高丽等，都把他们打得大败而逃。太宗曾说："李靖、李绩二人，古代的名将韩信、白起、卫青、霍去病岂能比得上啊！"

解读：

对于忠诚、善战的将领，君主要懂得用感情来拉拢，这样将领就会更加忠诚。唐太宗正是善于感情拉拢的高手，可以请为政者学一学。

案例：

七擒孟获：诸葛亮的用将之道

七擒孟获的故事在整个历史长河中就像一颗闪耀的明星，散发着诸葛亮作为蜀汉的实际操控者为政的魅力。

七擒孟获的背景是蜀后主建兴元年（223 年）西南少数民族叛乱。当时益州郡大姓雍闿趁蜀汉皇帝刘备因夷陵之战中大败，在永安病逝之际，杀死太守正昂，绑架新任太守张裔到东吴，举兵号召南中四郡反叛蜀汉。同时，越巂首长高定杀死太守龚禄，自封为王，与牂牁太守朱褒响应雍闿的叛变。只有永昌郡在功曹吕凯、府丞王伉顽强坚守下没有被雍闿叛军攻陷。孟获是当时南中地区的大姓豪强，深为当地土著和汉人所信服。诸葛亮听到孟获为当地人所信服，便想通过生擒迫使他归顺，从而达到收服南中民心的目的。五月，大军渡过泸水，与孟获军战，成功俘虏孟获。诸葛亮带他到营阵观赏，问他觉得蜀军如何，孟获回答他："向者不知虚实，故败。今蒙赐观看营阵，若只如此，即定易胜耳。（我之前不知你军虚实，所以才战败。现今蒙赐观看营阵，原来只是如此，必定可以胜利了。）"

诸葛亮的战略在北方，又知道南人叛乱问题严重，便用马谡提出的"攻心为上，攻城为下，心战为上，兵战为下"的策略，要孟获心服口服。因此便笑着将他放走再战。诸葛亮对孟获七擒七纵后，仍要继续放他走。孟获及其他土著首领终于对诸葛亮彻底信服了，不肯离去。孟获说："公，天威也，南人不复反矣。"（您代表着天上的神威，南中人不会再反叛了）于是带领蜀汉大军到滇池，与诸葛亮盟誓，蜀军成功平定南中。孟获后来迁为御史中丞。蜀军归还后，因诸葛亮一反两汉以来委官统治、遣兵屯守的惯例，采取"不留兵，不运粮”、重用地方势力、保障他们利益的政策，任用马忠、吕凯等人采取怀柔政策治理南方，大量起用当地少数民族的上层分子，此后南中再没有发生过大规模叛乱。

诸葛亮深知收服孟获和西南少数民族，最重要的并不是通过武力使他们屈服，而是让他们真正地心悦诚服，所以他七次放走孟获，并最终达到了收服孟获和平定西南的战略目标。

在现代的管理学当中，用人之道十分关键。虽然一切团队用人目的都是实现在行业内利益的最大化，但是，在用人过程当中，是要讲感情和信任的，古语云“士为知己者死”，实在是所言非虚。

原文：

赵括自少时学兵法，言兵事，以天下莫能当。尝与其父奢言兵事，奢不能难，然不谓善。括母问奢其故，奢曰："兵，死地也，而括易言之。使赵不将括即已，若必将之，破赵军者必括也。"（《史记》）

译文：

赵括从小就学习兵法，谈论军事，以为天下没人能抵得过他。他曾与父亲赵奢谈论用兵之事，赵奢也难不倒他，可是并不说他好。赵括的母亲问赵奢这是什么缘故，赵奢说："用兵打仗是关乎生死的事，然而他却把这事说得那么容易。如果赵国不用赵括为将也就罢了，要是一定让他为将，使赵军失败的一定就是他呀。"

解读：

纸上谈兵的故事我们都熟悉，说的就是战国时的赵括。知子莫若父，赵奢早就看到其子赵括的缺点，所以才有以上言论。在任用将领时，千万不要只听其言，而缺乏具体的操作性。

案例：

诸葛亮挥泪斩马谡：用人不察，自吞苦果

蜀后主建兴六年（228年）诸葛亮为实现统一大业，发动了一场北伐曹

魏的战争。他命令赵云、邓芝为疑军，占据箕谷（今陕西汉中市北），亲自率十万大军，突袭魏军据守的祁山（今甘肃），任命参军马谡为前锋，镇守战略要地街亭（今甘肃秦安县东北）。临行前，诸葛亮再三嘱咐马谡："街亭虽小，关系重大。它是通往汉中的咽喉。如果失掉街亭，我军必败。"并具体指示让他"靠山近水安营扎寨，谨慎小心，不得有误"。

马谡到达街亭后，不按诸葛亮的指令依山傍水部署兵力，却骄傲轻敌，自作主张地想将大军部署在远离水源的街亭山上。当时，副将王平提出："街亭一无水源，二无粮道，若魏军围困街亭，切断水源，断绝粮道，蜀军则不战自溃。请主将遵令履法，依山傍水，巧布精兵。"马谡不但不听劝阻，反而自信地说："马谡通晓兵法，世人皆知，连丞相有时都得请教于我，而你王平生长于戎旅，手不能书，知何兵法？"接着又扬扬自得地说："居高临下，势如破竹，置之死地而后生，这是兵家常识，我将大军布于山上，使之绝无反顾，这正是致胜之秘诀。"王平再次谏阻："如此布兵危险。"马谡见王平不服，便火冒三丈说："丞相委任我为主将，部队指挥我负全责。如若兵败，我甘愿革职斩首，绝不怨怒于你。"王平再次义正词严："我对主将负责，对丞相负责，对后主负责，对蜀国百姓负责。最后恳请你遵循丞相指令，依山傍水布兵。"马谡固执己见，将大军布于山上。

魏明帝曹叡得知了蜀将马谡占领街亭，立即派骁勇善战，曾多次与蜀军交锋的张郃领兵抗击。张郃进军街亭，侦察到马谡舍水上山，心中大喜，立即挥兵切断水源，掐断粮道，将马谡部队围困于山上，然后纵火烧山。蜀军饥渴难忍，军心涣散，不战自乱。结果，张郃命令乘势进攻，蜀军大败。马谡失守街亭，战局骤变，迫使诸葛亮退回汉中。

马谡违反了诸葛亮的调度，在山上扎营，是丢失街亭的主要原因，而街亭的丢失，让蜀汉军队丧失了继续进取陕西的最好时机。作为将领，马谡需要负主要责任，但诸葛亮作为主要的调度管理者，在任用将领的时候只是听其言而没有观其行，对马谡的能力失察，任用了一个只会纸上谈兵的人，责任同样重大。

在任命团队下属，尤其是相对重要的下属的时候，一定不要只听团队成员嘴上说得好听，一定要以他们的实际能力而不是言谈作为任用的首要条件，这样才能战无不胜。

原文:

汉六年，人有上书告楚王韩信反。高帝问诸将，诸将曰:“亟发兵坑竖子耳。”高帝默然。问陈平，平固辞谢，曰:“诸将云何?”上具告之。陈平曰:“人之上书言信反，有知之者乎?”曰:“未有。”曰:“信知之乎?”曰:“不知。”陈平曰:“陛下精兵孰与楚?”上曰:“不能过。”平曰:“陛下将用兵有能过韩信者乎?”上曰:“莫及也。”平曰:“今兵不如楚精，而将不能及，而举兵攻之，是趣之战也，窃为陛下危之。”上曰:“为之奈何?”平曰:“古者天子巡狩，会诸侯。南方有云梦，陛下弟出伪游云梦，会诸侯于陈。陈，楚之西界，信闻天子以好出游，其势必无事而郊迎谒。谒，而陛下因禽之，此特一力士之事耳。”(《史记》)

译文:

汉六年，有人上书告发楚王韩信谋反。高帝询问将领们，将领们说:“赶紧发兵活埋这小子。”高帝默默不语。高帝问陈平，陈平一再推辞，反问道:“各位将领说些什么?”皇上把各位将领的话都告诉了陈平。陈平问:“有人上书说韩信谋反，有知道这件事的外人吗?”皇上说:“没有。”陈平问:“韩信本人知道这情况吗?”皇上说:“不知道。”陈平说:“陛下的精锐部队跟楚国比哪个强?”皇上说:“不能超过它。”陈平问:“陛下的将领中用兵有能超过韩信的吗?”皇上说:“没有谁赶得上他。”陈平说:“如今陛下的军队不如楚国精锐，将领的才干又赶不上韩信，却要发兵攻打他，这是促使他同我们作战，我私下里为陛下的安危而担忧。”皇上说:“那该怎么办呢?”陈平说:

“古时天子巡察各地，会见诸侯。南方有个云梦泽，陛下只是假装出游云梦，在陈县会见诸侯。陈县在楚国的西部边界，韩信听到天子怀着善意出游，看那情势定然无事，因而到郊外迎接拜见陛下。拜见时，陛下趁机将他拿下，这只不过是一个力士就能办到的事。”

解读：

当将领占据一方、势力强大，君主就要想办法去削弱他，但将领是手握兵权之人，怎么能轻易抓住他呢？刘邦抓韩信可资借鉴也。

案例：

康熙撤藩：其实早比晚好

清朝初年，“三藩”，是指三个割据一方的汉族藩王，即云南平西王吴三桂、广东平南王尚可喜、福建靖南王耿精忠。清军在进入山海关后，介于自身八旗兵兵力不足和中国地域的广大，所以扶植了汉族军队，作为攻击李自成大顺军和南明偏安小朝廷的先锋，即“以汉制汉”。

但全国统一后，却已成“尾大不掉”之势，拥有过大的兵权、财权和地方政治影响力。甚至，一定程度上可以与清廷分庭抗礼，成为清王朝内部的极大不安定因素。

所以，当时立足未稳的康熙皇帝决定撤三藩，以腾出国库兴漕运：“朕听政以来，以三藩及河务、漕运为三大事，夙夜廑念，曾书而悬之宫中柱上。”

但是以当时的国力和兵力，其实撤三藩是很有些仓促的，也带来了严重的后果：撤藩令到之处，三藩都反了，连带着陕甘总督和察哈尔王也反了，清朝几乎在一瞬间半壁江山沦丧，几乎就要迁都盛京，退回关外。

但是，以现代的眼光去衡量撤三藩，其实康熙皇帝的决定是明智的。当时，准噶尔还没有形成威胁，台湾与福建的形势也都还好，基本只有三藩问题和日渐显现的朋党之争了。如果这个时候不裁撤，一旦时机错失，不论推后到什么时间，都是十分令人挠头的事情。所以说，撤三藩，其实早比晚好。

三位汉臣手握重兵，盘踞云南、广东、福建三个边境省份，势力十分强大。康熙皇帝刚柔并济，劝降、安抚和出兵攻打三项并举，最终撤三藩成功。

当一个团队中出现一方独大的势态的时候，作为团队的领导就要想办法去平衡这种势态了，但是要注意方式方法，不能直接采用强硬手段。

原文：

上常从容与信言诸将能不，各有差。上问曰："如我能将几何？"信曰："陛下不过能将十万。"上曰："于君何如？"曰："臣多多而益善耳。"上笑曰："多多益善，何为为我禽？"信曰："陛下不能将兵，而善将将，此乃言之所以为陛下禽也。且陛下所谓天授，非人力也。"（《史记》）

译文：

汉高祖经常从容地和韩信议论将军们的高下，认为各有长短。汉高祖问韩信："像我的才能能统率多少兵马？"韩信说："陛下不过能统率十万。"汉高祖说："你怎么样？"回答说："我是越多越好。"汉高祖笑着说："您越多越好，为什么还被我俘虏了？"韩信说："陛下不能带兵，却善于驾驭将领，这就是我被陛下俘虏的原因。况且陛下是上天赐予的，不是人力能做到的。"

解读：

刘邦与韩信的对话充分说明了将领的本领在于统率千军万马，而君主最主要的是要善于将将，了解将领的特点，发挥将领的长处，并且让将领处于自己可控的范围内。

案例：

无施琅，无台湾：康熙大帝的用将之道

当时，在是否任用施琅的问题上，康熙与大臣们产生了激烈的争论，因为施琅的经历实在是过于坎坷，令人难以再次产生信任：反清、降清、继续反清后又降清。后来，康熙皇帝力排众议，任用了施琅。

清康熙二十二年（1683 年），进攻台湾，统率福建舟师迅速攻取澎湖，击败明郑刘国轩部。而后，利用有利的态势，主动、积极地招抚台湾郑氏集团，促使郑氏集团放弃抵抗。台湾本岛不战而下。其时，清廷内部对台湾地位的重要性认识不足，对是否留台存在争议。施琅上疏力主留台卫台。在分管兵部的清朝东阁大学士（宰相）潘湖叟黄锡衮的支持下，施琅（乃分管兵部的内阁大臣潘湖叟黄锡衮的妹夫）的意见打动了康熙帝和朝中大臣，清廷终于决定在台湾设府县管理，屯兵戍守，直至甲午海战后割让出去。

1683 年 8 月 13 日，施琅率领舟师到达台湾，刘国轩等带领文武官员前往迎接。施琅入台之后，自往祭郑成功之庙，对郑氏父子经营台湾的功绩做了高度的评价，并称收复台湾是为国为民尽职，对郑成功毫无怨仇。（原祭郑成功文："自同安侯入台，台地始有居民。逮赐姓启土，世为岩疆，莫可谁何。今琅赖天子威灵，将帅之力，克有兹土，不辞灭国之诛，所以忠朝廷而报父兄之职分也。独琅起卒伍，于赐姓有鱼水之欢，中间微嫌，酿成大戾。琅与赐姓，剪为仇敌，情犹臣主。芦中穷士，义所不为。公义私恩，如是则已。"）祭毕，施琅哽不成声，热泪纵横。台湾百姓和郑氏旧部都十分感佩。

施琅水师出身，善于海战，并且一直处于海战的前沿，这是他的优势以及特点，康熙皇帝正是看中了他的这些特点，才力排众议，大胆地任用了他，并给予军权和一定的财政和荣誉头衔。康熙还曾中途罢黜过他。1667 年，孔元章赴台招抚失败后，施琅即上《边患宜靖疏》，次年又写《尽陈所见疏》，强调"从来顺抚逆剿，大关国体"，不能容许郑经等人顽抗，盘踞台湾，而把五省边海地方划为界外，使"赋税缺减，民困日蹙"；必须速讨平台湾，以裁防兵，益广地方，增加赋税，俾"民生得宁，边疆永安"。——正是这些折子，惹怒了当时尚未倒台的鳌拜，康熙皇帝也因此不得不罢黜施琅。——正是这

一次不得已而为之的罢黜，使施琅处在了能够被康熙控制的范围内：最起码不至于以海军自重。故而，康熙皇帝虽然多次表示“无施琅无台湾”，但最终的赢家，还是这位深谙用人之术的皇帝。

在团队协作中，作为团队领导，清楚自己手下的特长与特点是一项必须做的功课。只有做好这些功课，才能真正做到，在可控范围内最大限度地人尽其才，团队也才能健康发展。

用亲卷

第十

原文：

夫六合旷道，大宝重任。旷道不可偏制，故与人共理之；重任不可独居，故与人共守之。是以封建亲戚，以为藩卫安危同力，盛衰一心。（《帝范》）

译文：

作为皇帝，他所面对的是至广至大的天下，他所拥有的是天下最为尊贵的皇权帝位。这么广大的国家，皇帝一个人怎么能治理得了呢？所以要与别人来共同治理；这么至极至尊、人人垂涎的皇位，一个人怎么能守得住呢？所以皇帝要与别人来共同守卫它。所以国君要分封那些皇亲国戚，让他们成为国家的安全保障，一起来关心国家的安危盛衰。

解读：

作为至高至尊的皇帝，面对广阔的疆土，一个人是治理不了的，这就需要众人来管理，其中最主要的人员就是最忠诚的家族成员，古今概莫能外。

案例：

藩镇之祸：异性王压垮唐帝国

唐玄宗李隆基在位时期（712—756年），为防止周边各族的进犯，大量扩充防戍军镇，设节度使，赋予军事统领、财政支配及监察州县的权力，共设九个节度使和一个经略使。其中北方诸道权力的集中更为显著，经常以一人兼任两三镇节度使，安禄山就是凭借身兼范阳、平卢、河东三镇节度使而发动叛乱的。安史之乱爆发后，为了抵御叛军进攻，军镇制度扩展到了内地，最重要的州设立节度使，指挥几个州的军事；较次要的州设立防御使或团练使，以扼守军事要地。于是各地出现不少节度使、防御使、团练使等大小军职。后来扩充到全国。

这些本是军事官职，但节度使又常兼所在道的观察处置使之名，观察处置使也兼都防御使或都团练使之号，都成为地方上的军政长官，是州以上一级权力机构。大则节度，小则观察，构成唐代后期所谓的藩镇，亦称“方镇”。方镇并非都是割据者，在今陕西省、四川省以及江淮以南的方镇绝大多数服从朝廷指挥，贡赋输纳中央，职官任免出于朝命。但是今河北地区则一直存在着名义上仍是唐朝的地方官而实际割据一方、不受朝命、不输贡赋的河北三镇；今山东、河南、湖北、山西也曾在很长一段时期内存在类似河北三镇的藩镇；还有一些倚仗自己实力对中央跋扈不驯，甚至举行叛乱的短期割据者。

在唐代，节度使一般是皇帝的亲信大臣担任，其地位可以比拟后世所谓的“异姓王”，也是玄宗为了国家安定而进行的战略考量，但是，到了后期，藩镇割据愈演愈烈，已经威胁到了唐朝的统治。——甚至可以说，是这些异姓王（节度使）压垮了大唐。

在家族性团队的人员任用上，血统和忠诚不可避免地成为考量的因素，让自己的亲人担任“节度使”，在某些要塞替自己镇守是可以的，只是别到最后影响团队的整体运作就好。

原文：

汉初定关中，诫亡秦之失策，广封懿亲，过于古制。大则专都偶国，小则跨郡连州。末大则危，尾大难掉。六王怀叛逆之志，七国受铁钺之诛。此皆地广兵强积势之所致也。(《帝范》)

译文：

汉朝刚夺取天下的时候，汉高祖吸取秦代因为不分封亲戚而灭亡的教训，于是大规模分封诸王，规模超过了周朝分封诸侯的制度。大的诸侯国拥有五六个郡，数十座城池，设置百官，所修宫殿甚至都超过了天子；小的诸侯国也跨州连郡，地盘很大。这样诸侯地域广，力量强大，国家王室反倒力量弱小；如同枝节长大繁茂而根却很小，必定要折断；尾巴大身体却很小，很难去掉转。所以汉朝的楚王刘戊等六个诸侯王相约谋反，吴、楚、赵、济南、淄川、胶东、胶西七个诸侯国也因为谋叛而遭到了斧钺的诛杀。这都是被分封的诸侯国地广兵强、长久积蓄势力而导致的。

解读：

君主分封宗室子弟为藩属固然是有必要的，不然就会像秦朝那样二世而亡。但是如果形成尾大不掉的局面，对君主又会形成威胁。

案例：

衰微的王室之德：周朝分封的祸患

春秋时代，周室衰微，诸侯争霸，野心家代不乏人。被中原诸侯视为蛮夷之君的楚庄王，经过长期的争斗，凭借强大的武力吞并了周围的一些小国，自以为羽翼已丰，耀武扬威地陈兵于周天子的境内，询问九鼎大小轻重，试图取而代之。周大夫王孙满由楚庄王问鼎敏感地意识到他吞并天下的野心，就以享有天下“在德不在鼎”的妙论，摧挫打击了楚庄王的嚣张气焰。夏、商、周三代以九鼎为传国宝，九鼎成为王权的象征。后世以“问鼎”比喻篡逆野心。历史发展到鲁宣公的时候，周王的权杖早已失去昔日的威严，地处荒蛮的南楚日渐强大。于是，楚庄王出兵北伐伊川境内的陆浑之戎，顺势移兵洛邑，居然在周王室境内进行军事演习，耀武扬威，不可一世。周定王敢怒而不敢言，忍气吞声，还不得不派自己的大夫王孙满去慰劳。见面后，楚庄王竟然连一句寒暄的话都没有，劈头盖脸就问鼎之大小轻重。这个楚庄王凭着自己的军事实力，飞扬跋扈，气势汹汹，蛮横无礼，蔑视周王室，对其欲取周室而代之的野心毫不掩饰。王孙满忠诚而睿智。他的回答从容不迫而隐含凌厉。全篇故事便在“霸”与“德”的矛盾中展开。两个人物的性格跃然纸上。王孙满的回答，从“德”“天”二字入手。先从“德”字出发，以“德”抗“霸”，一语击破楚庄王的问鼎野心：“在德不在鼎。”立论如金石，坚不可摧。接下来，以夏、商、周的历史变迁为鉴，有根有据地讲述了鼎的来历和几易其主的过程，用以说明有德的君主才配有九鼎，才会拥有天下。由鼎的轻重引申到德的轻重，摧挫了楚庄王的嚣张气焰。

周朝一开始的时候，分封制是为了更好地治理天下，而没有想到到了春秋战国时代：王室没有实权。这就是对分封制管理不严的后果。

在家族性团队中，家族成员分管业务是必要的，但请团队领导（家长）一定注意，不能任由家族成员为所欲为。

原文：

夫封之太强，则为噬脐之患；致之太弱则无固本之基。由此而言，莫若众建宗亲而少力。使轻重相镇，忧乐是同。则上无猜忌之心，下无侵冤之虑。此封建之鉴也。斯二者，安国之基。（《帝范》）

译文：

如果分封的诸侯王太强大，皇帝就控制不了他了，就像自己咬自己的肚脐，根本就够不着。如果不去分封皇族子弟或分封得很少，那么国家就缺乏牢固的根基。由此来说，最好的办法就是多分封皇室宗亲，但不能让他们的势力太大。而且要使这些诸侯国大的和小的相互牵制，让他们与皇帝共忧乐。这样一来，皇帝对所分封的诸侯就没有猜忌之心，下边的诸侯之间也不起争端。这才是分封诸侯所应该借鉴的。既不使诸侯太强大，也不能使诸侯太弱小，折其中而行，这才是安邦治国的根本。

解读：

皇帝分封宗室子弟有好处，但分封后也会有坏处，这怎么办呢？这就要既给他们权力，又要限制他们的权力，使他们之间有制衡，这样才能国家太平。

案例：

努尔哈赤的智慧：四大贝勒制度

四大贝勒是清朝入主中原前，努尔哈赤在世时敕封的，地位等同于后世的亲王，甚至高于亲王。四大贝勒是努尔哈赤之下的最高统治者，手握大权。自皇太极取得四大贝勒支持，夺取汗位后，改革后金制度，才采用汉族的各种制度，亲王被列入第一等爵位，高于贝勒。最有名的有开国八大铁帽子王，世袭罔替。他们分别是礼亲王代善（太祖子）、睿亲王多尔衮（太祖子）、豫亲王多铎（太祖子）、郑亲王济尔哈朗（太祖侄）、肃亲王豪格（太宗长子）、庄亲王硕塞（太宗子）、克勤郡王岳讬（代善子）、顺承郡王萨哈璘（代善子）。后世又加封了怡亲王允祥、恭亲王奕䜣，醇亲王奕譞、庆亲王奕劻所以说四大贝勒在清初地位高于亲王，但并不是都封了亲王。大贝勒代善封礼亲王。四贝勒皇太极登上皇位。二贝勒阿敏因桀骜不驯，不遵上命，烧杀抢掠，于 1630 年被皇太极削爵囚禁，十年后病卒。三贝勒莽古尔泰 1632 年卒，死后被揭发有谋上之罪，被追夺其封爵。

努尔哈赤设立四大贝勒就是为了先稳定立足，然后再谈其他的，他的目的达到了。同时，四大贝勒在人数上的设计又恰好能够使四个人之间相互制衡，不至于独断专行、威胁皇权。

在家族性团队当中，分权与制衡之术同样关键，只有达到了微妙的平衡，团队才能够很好地运转，不至于出现纷争。

原文:

何谓同床？曰：贵夫人，爱孺子，便僻好色，此人主之所惑也。托于燕处之虞，乘醉饱之时，而求其所欲，此必听之术也。为人臣者内事之以金玉，使惑其主，此之谓“同床”。(《韩非子》)

译文:

什么叫同床？即尊贵夫人，受宠宫妾，谄媚的近臣，姿色美丽的人，正是君主所迷恋的。趁着君主在安居快乐、酒醉饭饱的机会，来央求她们想要得到的东西，这是让君主一定听从的手段。做臣子的通过内线用金玉财宝贿赂她们，叫她们蛊惑君主，这就叫“同床”。

解读:

世间最毒的就是枕边风，古代许多君主就是被受宠的姬妾所蛊惑，受到蒙蔽，做出许多错事，以致亡国亡身。所以要对妻妾等严加管束，不可轻信她们的言语。

案例:

王皇后与武则天：杀人的言语和野心

成为唐高宗昭仪后，武则天渐渐知道，唐高宗只是宠爱自己，却没有让自己取代王皇后地位的意思。于是，她心生一条毒计，以嫁祸于王皇后。这一年，武则天生了一个女儿。王皇后出于礼节，前来探望她，又特意到婴儿床前逗弄这个女婴。谁知王皇后刚刚离开，武则天竟偷偷地将自己的亲生女儿掐死，然后又照样盖好被子，若无其事地离开婴儿床，和宫女们谈天说笑。唐高宗回宫之后，她嬉笑撒娇，让丈夫去看看可爱的女儿。唐高宗怀着兴奋的父爱之心掀开被子，见可爱的女儿却死在那里，顿时惊呆了。武则天却号啕大哭，哭得死去活来。唐高宗逼问左右侍从，都说只有王皇后进过内室，看过婴儿，别人并没有进去过。唐高宗大怒，以为王皇后因为嫉妒之心而丧失妇德，杀了他的爱女。武则天又乘机添油加醋，说了王皇后一大堆坏话。由于王皇后对此事难以自明，矢口否认也无济于事。从这以后，唐高宗便产生了废立皇后的念头。

武则天终于取得了可以当皇后的机会。当时她十分清楚，废立皇后可不是件小事，必须取得元老重臣们的支持，求得李氏宗亲长辈的认可，才有可能。于是，她劝唐高宗去找舅父长孙无忌商量。

为了争取长孙无忌，唐高宗和武则天亲自登门求情，又封长孙无忌的三个儿子为大夫，还送去十车金银珠宝。但是，长孙无忌根本不表态。武则天又让母亲杨氏多次带着重礼亲自到长孙无忌家求情劝说。长孙无忌也不答应。武则天还请礼部尚书许敬宗多次登门拜访，劝说长孙无忌成全此事，但遭到长孙无忌当面斥责。

既然身为宰相的舅父不同意立武则天为皇后，唐高宗只好暂且作罢，但将武则天所生的两个牙牙学语的小儿李弘和李贤册封为王。

为了再次打击王皇后，武则天告发王皇后与其母柳氏共同搞诅咒之术。唐高宗听信武则天的谗言，下令不准柳氏入宫，并将柳氏出贬。

后来，武则天更是暗中操纵高宗，处死了王皇后。

虽然武则天是历史上第一位女皇，也是一位优秀的政治家，但是作为一名妃子，她明显干预了政治。而唐高宗作为皇帝，没有对武则天的行为和言语严加管束，反而言听计从，从而导致李唐改朝换代为大周。

在家族性团队中，最要预防的一点就是夫妻关系影响决策。

原文:

万乘之主，千乘之君，后妃夫人、适子为太子者，或有欲其君之蚤死者。何以知其然？夫妻者，非有骨肉之恩也，爱则亲，不爱则疏。语曰：“其母好者其子抱。”然则其为之反也，其母恶者其子释。丈夫年五十而好色未解也，妇人年三十而美色衰矣。以衰美之妇人事好色之丈夫，则身见疏贱，而子疑不为后，此后妃夫人之所以冀其君之死者也。唯母为后而子为主，则令无不行，禁无不止，男女之乐不减于先君，而擅万乘不疑，此鸩毒扼昧之所以用也。(《韩非子》)

译文:

大大小小国家的君主，他们的原妻正配所生嫡子做了太子的，还有盼着自己的父君早死的。怎么知道会是这样的呢？妻子，没有骨肉的恩情，宠爱就亲近，不宠爱就疏远。俗话说：“母亲美的，她的孩子受宠爱。”那么与此相反的话，就是母亲丑的，她的孩子被疏远。男子五十岁而好色之心不减弱，妇女二十岁美貌就衰减了。用色衰的妇女侍奉好色的男子，自己就会被疏远卑视，而怀疑儿子不能成为继承人，这正是后妃夫人盼望君主早死的原因。只有当母亲做了太后而儿子做了君主以后，那时就会令无不行，禁无不止，男女乐事不减于先君在时，而独掌国家大权无疑，这正是用毒酒杀人、用绳索杀人事件产生的原因。

解读：

古代君主的妻妾很多，因此儿子就会很多，这样就会产生争夺皇位之事。俗话说，最毒妇人心，于是就有了用毒酒、用绳索杀死君主的情况，所以对此一定要加以防范，不可掉以轻心。

案例：

子贵母死：游牧北魏的汉化极权之路

北魏时期，由君位传承引发的动乱十分频繁，贺兰、独孤、慕容等部落与拓跋部既为联盟，又世代为婚，成为君位传承中举足轻重的力量。当时北魏尚未确立一套父子传承的嫡庶长幼之序，储君的策立和登基往往有赖于母后和母族的强大，可谓“母强子立”。拓跋君长的妻族或母族也往往通过他们来控制拓跋部内大事，由于北族妇女没有礼教束缚和对其用权的制约，所以她们要直接把握朝政也比较容易。道武帝拓跋珪即位，即赖于母后及舅族的干预和支持，但到这时，这一传统已经成为北魏由部落联盟向帝国转轨的负担。为了改变这种局面，道武帝先用战争手段强制离散母族贺兰部、妻族独孤部、祖母族慕容部等大部落，统一代北，再后来他先后逼死自己的母亲贺兰太后，赐死太子母刘皇后。虽然之前亦有神元帝杀窦后的先例，但从道武开始，“子贵母死”开始成为易代之际的惯例。“子贵母死”目的何在？为防母后干政。

翻遍史书，这样的例子还有很多：从汉武帝到皇太极，都是在初登皇位的时候直接或者间接地杀死了自己的母亲（或者逼死了前一位皇帝的妃子），用以防范君主换代之际国家的祸患，不得不说，在古代，这一残酷的招数是行之有效的。甚至到了明朝，发展出了更为极端的后宫殉葬制度：先帝的妃子，无论位分，一律殉葬。这样，让她们幼小的孩子们失去最有力的支持者和出谋划策的人，就更不容易出现乱局了。

在现代的管理团队当中，无论团队性质，一定要避免的是“开夫妻店”“内掌柜”现象。在现代管理学范畴当中，这些已经是早就被实践检验过无数次的反例了。

原文：

何谓父兄？曰：侧室公子，人主之所亲爱也；大臣廷吏，人主之所与度计也。此皆尽力毕议，人主之所必听也。为人臣者事公子侧室以音声子女，收大臣延吏以辞言，处约言事，事成则进爵益禄，以劝其心，犯其主，此之谓“父兄”。(《韩非子》)

译文：

什么叫父兄？即叔伯、兄弟，是君主亲近爱护的人；大臣廷吏，是君主咨议谋划的人。这些人都竭尽全力参与议政，是君主必然听取的。做臣子的用音乐侍女来侍奉君主的叔伯、兄弟，又用花言巧语来笼络大臣廷吏，在关键时刻进言，事成之后就进爵加禄，这样来怂恿他们，使他们干扰君主，这就叫“父兄”。

解读：

皇帝的叔伯、兄弟很容易与外臣相勾结，因为他们想得到更多的财宝和美色，外臣就会利用此点来加官晋爵，对此皇帝不可不加以提防。

案例：

无奈的兄弟相残：西汉帝国的三次外戚之祸

在这里，先普及一下“外戚”的概念：亦称“外家”“戚畹”，指帝王的母族、妻族。

从西汉的外戚前、中、后三期的历史可看出，西汉外戚经历了一个从受皇帝控制到控制皇帝的发展过程。总的来说在西汉，外戚还是依附于皇权的，因此具有暂时性、脆弱性与不稳定性，往往皇帝的喜怒就可决定他们的荣辱，一般随着他们代表人物的起伏而起伏。如吕后，在位时大封诸吕为王，等吕后一死，功臣集团马上杀吕产、吕禄，灭掉吕氏一族，废吕后所立的少帝，另立代王为帝。吕后在时，吕氏无比隆盛，当她一死，吕氏曾有的荣华富贵就马上烟消云散。也因为西汉外戚的暂时性、不稳定性，因此“汉兴以后，至于哀平，外戚二十余家，保全者四家而已”。西汉外戚发展到东汉造成了更为严重的外戚之祸，正如《后汉书》所记：“东京皇统屡绝，权归女主，外立者四帝，临朝者六后，莫不定策惟帘，委事父兄，贪孩童以久其政。”可以说西汉外戚是东汉外戚之祸的胚胎。

如上文所述，外戚之祸的根源，其实是汉代的立储制度所决定的：在皇帝年幼、懦弱、昏庸或皇嗣中断时，皇太后可以监护人的身份监督、选立嗣位人，以至临朝称制。这样一来，皇后或者皇帝的母亲，就可以通过控制皇帝，达到实际控制天下的目的。外戚当政的时期，朝政大多昏暗，贪腐盛行。

所以，汉朝以后，皇帝都把防止外戚作乱作为重要的政治任务。

家族性团队当中更要防范家贼与外鬼沆瀣一气，如有发现，绝对不能姑息。

原文：

封君列国，藉其门资，忘其先业之艰难，轻其自然之崇贵，莫不世增淫虐，代益骄侈。离宫别馆，切汉凌云，或刑人力而将尽，或召诸侯而共乐。陈灵则君臣悖礼，共侮徵舒；卫宣则父子聚麀，终诛寿、朔。乃云为己思治，岂若是乎？内外群官，选自朝廷，擢士庶以任之，澄水镜以鉴之，年劳优其阶品，考绩明其黜陟。进取事切，砥砺情深，或俸禄不入私门，妻子不之官舍。班条之贵，食不举火；剖符之重，居惟饮水。南阳太守，弊布裹身；莱芜县长，凝尘生甑。专云为利图物，何其爽欤！（《贞观政要》）

译文：

被封的皇亲国戚，无不凭借门第，忘掉祖先创业的艰辛，自以为生下来就应享荣华富贵，一代比一代更骄奢淫逸。他们修筑别馆，驱使民力为其效劳，召诸侯共同玩乐。夏朝大臣陈灵违背君臣之礼，和臣下一起侮辱皇子徵舒。卫宣公违背父子之道，纳子之妻，最终将两个儿子杀死，还说自己想使国家安定，难道就这个样子吗？朝廷百官，都是经过选拔的，他们的政绩，应该通过审核才能决定。那么人们的进取之心就会日益迫切，并经常自我激励，有的计日受俸，其余分文不取；有的只身赴任，不带妻儿。有的因为珍惜柴薪，索性就吃干饭；有的感激朝廷的信任，只饮当地之水。羊续官为南阳太守，却布衣裹身，范丹身为莱芜县令却家贫如洗。如果说做官都是为了贪图利禄，为什么他们就这样清廉呢？

解读：

皇亲国戚一代代传下去后，就会骄奢淫逸，因此要对其严加管束，不可轻易任以大用。而从民间选取百官才是朝廷选拔人才的主要通道。

案例：

博学宏词科：历朝历代的奇才大营

博学宏词（或作“宏辞”“弘词”）科，据《辞海》“博学鸿词科”条解释说：“封建王朝临时设置的考试科目，为制科之一种。始于宋高宗绍兴三年（1133年）。‘鸿’本作‘宏’，至清代乾隆中以音近清高宗名而改。”此条释文不够准确。其实，博学宏词科并非始于宋代，而是始于唐玄宗时；宋代此科仅偶尔实行且较冷落，清代也只于康熙十八年（1679年）和乾隆元年（1736年）开科两次，而唐代尤其是唐后期的博学宏词科不仅经常举行，而且内容丰富多彩，选拔了不少著名的人才。例如，宰相陆贽、裴度，文学家刘禹锡、柳宗元等，都是出自唐代的博学宏词科。

博学鸿词科在清代也非常著名，其之所以著名，并非因为寻找到了人才，而是因为它的开科目的：清康熙十七年（1678年），清圣祖玄烨为了更有效地笼络汉族地主及其知识分子，决定举办博学鸿词科。开始时，反清复明的风气正盛，汉人应者寥寥。虽然有汤斌、魏象枢等急于应试做官的汉人知识分子积极参与其中，但顾炎武、黄宗羲等人仍然坚持不与清廷合作，进行了坚决的抵抗。直到后来章太炎在《诸子略说》中讲道：“汤斌、杨名时、陆陇其辈，江郑堂《宋学渊源记》所不收，其意良是。何者？炎黄之胄，服官异族，大节已亏，尚得以理称哉？”所以汤斌等人的理学地位历来饱受非议，褒贬不一。——但是，也在很大程度上体现了清作为入主中原的少数民族王朝，对于民间贤才的渴望。博学宏词科目从开科以来，其作用就是在民间选拔有真才实学的人，也的确起到了这样的作用，在很大程度上为当朝的皇帝团结了人心，也避免了亲贵大臣们的专权。

在现代的管理团队当中，尤其是家族性团队，不能一味地让自己的亲属大权独揽，应该多听取基层的意见与建议。

原文：

贞观七年，授吴王恪齐州都督。太宗谓侍臣曰："父子之情，岂不欲常相见耶？但家国事殊，须出作藩屏。且令其早有定分，绝觊觎之心，我百年后，使其兄弟无危亡之患也。"（《贞观政要》）

译文：

贞观七年，唐太宗封吴王李恪为齐州都督。唐太宗对侍臣们说道："父子之间，哪有不想经常团聚在一起的呢？但家事国事有所不同，必须让他们出去担当重任，作为国家的屏障。并且要让他们及早明白自己的职责，断绝他们对太子位置的野心。这样，我死了之后，也能让他们兄弟之间没有危亡的祸患。"

解读：

皇子们往往因为皇位争得头破血流，因此在分封诸王时就要想到此种后果，尽量避免兄弟相残。

案例：

汉武帝：推恩令里的细密帝王心

推恩令是汉朝汉武帝时期推行的一个旨在减少诸侯王的封地、削弱诸侯王势力范围的一项重要法令。主要内容是改变过去由诸侯王只能把封地和爵位传给嫡长子的情况，允许诸侯王把封地分为几部分传给几个儿子，形成直属于中央政权的侯国。汉初，诸侯王的爵位，封地都是由嫡长子单独继承的，其他庶出的子孙得不到尺寸之地。虽然文景两代采取了一定的削藩措施，但是到汉武帝初年，“诸侯或连城数十，地方千里，缓则骄，易为淫乱；急则阻其强而合从，谋以逆京师”，严重威胁着汉朝的中央集权。

因此元光六年（前 127 年）正月，武帝采纳主父偃的建议，颁行“推恩令”。推恩令吸取了晁错削藩令引起七国之乱的教训，规定诸侯王除以嫡长子继承王位外，其余诸子在原封国内封侯，新封侯国不再受王国管辖，直接由各郡来管理，地位相当于县。这使得诸侯王国名义上没有进行任何的削藩，避免激起诸侯王武装反抗的可能。于是“藩国始分，而子弟毕侯矣”，导致封国越分越小，势力大为削弱，从此“大国不过十余城，小侯不过十余里”。

规定诸侯王死后，嫡长子继承王位，其他子弟分割王国部分土地为列侯，列侯归郡统辖。允许诸侯王推“私恩”把王国土地的一部分分给子弟为列侯，由皇帝制定这些侯国的名号。按照汉制，侯国隶属于郡，地位与县相当。因此王国析为侯国，就是王国的缩小和朝廷直辖土地的扩大。推恩令下发后，王国纷请分邑子弟，“于是藩国始分，而子弟毕侯矣”。朝廷“不行黜陟而藩国自析”。武帝以后，王国辖地不过数县，其地位相当于郡。这样，诸侯王强大难制的问题，就进一步解决了。

汉武帝的推恩令成功削弱了诸侯王与皇亲国戚的权力，加强了中央集权，很好地避免了兄弟骨肉相残以及大面积的内乱。

在现代的团队中，尤其是在以家族成员为纽带的团队中，避免为争夺更大的权力而出现内讧和拉帮结派，是作为团队领导在分派权力和任务的时候要考虑的首要因素。

原文：

贞观十三年，谏议大夫褚遂良以每日特给魏王泰府料物，有逾于皇太子，上疏谏曰："昔圣人制礼，尊嫡卑庶。谓之储君，道亚霄极，甚为崇重，用物不计，泉货财帛，与王者共之。庶子体卑，不得为例，所以塞嫌疑之渐，除祸乱之源。而先王必本于人情，然后制法，知有国家，必有嫡庶。然庶子虽爱，不得超越嫡子，正体特须尊崇。如不能明立定分，遂使当亲者疏，当尊者卑，则佞巧之徒承机而动，私恩害公，惑志乱国。伏惟陛下功超万古，道冠百王，发施号令，为世作法。一日万机，或未尽美，臣职谏诤，无容静默。伏见储君料物，翻少魏王，朝野见闻，不以为是。"（《贞观政要》）

译文：

贞观十三年，谏议大夫褚遂良因为每天供给魏王府的东西远远超过了太子，于是向唐太宗进谏说："古代圣人制定的礼义，是尊重嫡子，不重旁支。作为太子，地位极其尊贵，日用的东西与钱财货物不加限制，跟君主没有什么两样。庶子地位低下，不得与太子享受同样多的俸禄，这也是用来防止嫌疑，以便根除祸乱的根源。可是古代的圣王以人与人之间的感情为基础，然后才制定国家法律。他们知道有国家，必然有亲疏贵贱，虽然一般人的子女也值得疼爱，但不得超过尊贵的太子，这种法体必须尊崇。如果不能确立各人的名分，就会造成应当亲近的人却被疏远，应当尊敬的人却被冷落的局面。这样，谄媚取巧之徒就会乘机兴风作浪，以个人恩怨危害国家，捕风捉影。臣希望陛下为国家制定明确的法令，颁布执行，让您的功勋流传千代，成为后世帝王的楷模。陛下日理万机，或许还有些事情做得不够完美。我的职责是指正您的过失，不容许有沉默不言的时候。我发觉供奉给太子的东西比魏王还少，朝廷上下听说了这件事后，都觉得做得不妥。”

解读：

皇帝的儿子众多，如果确立了太子之位后，就应该把太子与其他皇子加以区分，不能再有偏爱众皇子之处，否则就会有大臣趁机作乱，致使朝政不稳。

案例：

康熙朝的九子夺嫡：一代圣君的一地鸡毛

九子夺嫡，是指清朝康熙皇帝的儿子们争夺皇位的历史事件。当时康熙的儿子有二十四个，其中有九个参与了皇位的争夺。这九个儿子分别是：大阿哥胤禔、二阿哥胤礽、三阿哥胤祉、四阿哥胤禛、八阿哥胤禩、九阿哥胤禟、十阿哥胤䄉、十三阿哥胤祥、十四阿哥胤禵。最后四阿哥胤禛胜出，在康熙帝去世后继承皇位。

康熙十五年（1675年），康熙立二阿哥胤礽为皇太子（两岁），日后皇太子变得骄纵与蛮横并结党营私。康熙四十二年（1703年）康熙杀索额图，父子关系趋于紧张。康熙四十七年（1708年），在木兰围场的布尔哈苏行宫，康熙皇帝以皇太子胤礽“不法祖德，不遵朕训，惟肆恶虐众，暴戾淫乱”的理由，宣布废除太子。之后众多阿哥开始了对于皇位的觊觎。

大阿哥胤禔是庶长子，一向不被康熙喜欢，自知无望，向康熙提议八阿哥胤禩，理由是“术士张明德尝相胤禩必大贵”，又说要替父杀掉胤礽，让康熙极为寒心，严加训斥，同时对胤禩严加提防。胤禩小时候被大阿哥的母亲惠妃抚养，故大阿哥跟他感情较好。这时三阿哥胤祉揭发大阿哥搞魇镇加害胤礽之事，康熙将大阿哥囚禁。康熙厌胤禩勾结胤禔，也将其关押，后又释放。康熙四十八年（1709年）三月恢复胤礽太子地位。康熙五十年（1711年）年末被告与刑部尚书齐世武、步军统领托合齐、兵部尚书耿额结党营私。康熙五十一年（1712年）九月再次下诏废太子。从此废太子一直被圈禁到死。三阿哥胤祉见此乱局，主动退出竞争。

胤礽再度被废之后，八阿哥胤禩转而支持十四阿哥胤禵（四阿哥同母弟），九阿哥胤禟、十阿哥胤䄉附庸八阿哥胤禩。十三阿哥胤祥附庸四阿哥胤禛。胤禛在太子首次被废后，敢于为胤礽说好话，属太子党。胤礽二度被废之后，胤禛看到胤礽绝无复立之可能，开始结党营私，窥视储位。这时形成了以胤禛为首的四爷党和以胤禩为首的八爷党两大势力。

康熙六十一年（1722 年），康熙帝病故于畅春园，当时八爷党支持的十四阿哥胤禵远在西北，四阿哥胤禛留京。康熙近臣步军统领隆科多（胤禛的舅舅）宣布康熙遗嘱宣胤禛继承皇位，是为雍正皇帝。日后八爷党人惨遭迫害。九子夺嫡以雍正取胜告终。

雍正为防止再出现兄弟间争夺皇位的惨剧，从此实行秘密建储制度，不再公开设立太子，由皇帝写诏书并放置于乾清宫正大光明匾额后，直到皇帝驾崩后人才能打开并宣布继承人。

康熙皇帝是历史公认的一代圣君，康熙初年，由于朝政不稳，康熙帝在当朝就立太子，在太子做储君期间，康熙皇帝为了表示疼爱和公正，对其他年纪大的皇子也一直十分关爱，后来，在太子被废除后，康熙皇帝其实是喜爱胤禛的，但并没有直接立他为皇太子。一代圣君的身后之事，在生前就已经乱作一地鸡毛。

在现代的领导团队当中，树立核心人物，尤其是涉及家族性团队的时候，一旦有了决定，就请长期坚持下去，否则一定大乱，不利于团队成长。

原文：

贞观十六年，太宗谓侍臣曰："当今国家何事最急？各为我言之。"尚书右仆射高士廉曰："养百姓最急。"黄门侍郎刘洎曰："抚四夷急。"中书侍郎岑文本曰："《传》称：'道之以德，齐之以礼。'由斯而言，礼义为急。"谏议大夫褚遂良曰："即日四方仰德，不敢为非，但太子、诸王，须有定分，陛下宜为万代法以遗子孙，此最当今日之急。"太宗曰："此言是也。朕年将五十，已觉衰怠。既以长子守器东宫，诸弟及庶子数将四十，心常忧虑在此耳。但自古嫡庶无良佐，何尝不倾败家国。公等为朕搜访贤德，以辅储宫，爰及诸王，咸求正士。且官人事王，不宜岁久。岁久则分义情深，非意窥窬，多由此作，其王府官寮，勿令过四考。"（《贞观政要》）

译文：

贞观十六年，唐太宗对侍臣们说："当今国家哪些事情最为迫切？请你们每个人对我说说。"尚书右仆射高士廉说："使百姓得到休养。"黄门侍郎刘洎说："安抚边境的少数民族。"中书侍郎岑文本说："《论语》上说：'用德来感化他们，用礼来规范他们。'从这方面来说，礼义最为紧迫。"谏议大夫褚遂良说："不久整个中国都会慑服于陛下的恩威，一个个循规蹈矩，不敢胡作非为。但太子、诸王，都必须有各自的名分，陛下应该制定一个法令，留给子孙万代，这是当今最为紧迫的。"太宗说："这话说得对。我快五十岁了，已经感觉精力不足，身体日渐衰老。将我的长子立为东宫太子，另外我的弟兄和儿子将近四十人，我常常为此担忧。但自古以来，无论亲疏都没有好的办法。你们得为我寻访有才德的人，来辅佐太子，还有各个皇子，也都需要正直之士来辅佐。不过侍奉诸王的官员，时间不宜过长，时间一久就会加深情感。王室祸乱，大多因此而产生。所以，诸王府的官员，不要让他们的任期超过四年。”

解读：

古代皇帝是终身制，因此在活着时，就要为众多的儿子安排好，请贤臣辅导，但是不能让这些官员任职太长，否则就会形成许多小势力，危害皇权，也危害朝政。

案例：

弘历：帝师的变迁与千古名君的练就

朱轼，康熙三十三年（1694 年）进士。由庶吉士改授湖北潜江知县，有惠政。陕西学政、奉天府尹、浙江巡抚、左都御史。弘历皇子（也就是后来的乾隆皇帝）的老师。

皇子爱新觉罗·弘历初入学，雍正命朱轼为师，在懋勤殿设讲坛，行拜师礼。朱轼对弘历的要求很严，连雍正也觉得过分了，就对朱轼说：“教也为王，不教也为王。”意思是说，对皇子，教育他做王，不教育他也做王，先生何必这么严格呢？朱轼答道：“教则为尧舜，不教则为桀纣。”意思是说，教育好他，就可以使他做尧舜那样的贤君，不教育好他，就会成为夏桀、商纣那样的暴君。雍正见说得有理，也就不好再说什么了。

徐用锡（1657—？）字坛长，号昼堂，清代邳州府宿迁县（治今江苏宿迁市北）人。生于清圣祖顺治十四年（1657 年），卒于高宗乾隆元年（1736 年）以后，年八十余岁。康熙四十八年（1709 年）进士。官至翰林院侍读，引年归。从李光地游，究心乐律、音韵、历数、书法。康熙五十四年（1715 年），分校会试，严绝请托，衔之者反嗾言官劾其把持闱事，圣祖原之，终以浮议罢归。乾隆初，起授翰林院侍读，年已八十。寻告归，卒于家。用锡乡举出姜宸英之门，与何焯同为光地客，论书多与二家相出入。精于鉴别古人，言笔法亦多心得，著字《学劄记》二卷，载《圭美堂集》中。著有《圭美堂集》二十六卷,《四库总目》传世。康熙四十八年登进士，改任庶吉士，授编修，预修《朱子全书》《周易折衷》《性理精义》等书，康熙五十四年分校会试不久被免官归里。乾隆初年，授翰林院侍读，以八十岁高龄参与纂修《三礼》，后以原来官职的品级而告老还乡，卒于家。他是乾隆皇帝登基初期的帝师。

除以上两位外，乾隆皇帝还有帝师三位，只是以上两位在历史上比较有名气而已。加起来，乾隆皇帝一共有五位帝师。其中有三位是长辈为弘历挑选的。

这一举措也体现了皇家的智慧：为皇子们选择良师，但是并不特别倚重其中的某一位，只有这样，才能够防范新的势力和朋党的形成。

在团队的前行中，也是这样，作为团队领导，可以有自己倚重的、一直请教的老师，但是，请不要过分倚重他，否则即使是老师不倚仗身份作威作福，下面的钻营之辈也难免会动这个脑子。

原文：

君德之宏，唯资博达。设分悬教，以术化人。应务适时，以道制物。术以神隐为妙，道以光大为功。括苍旻以体心，则人仰之而不测；包厚地以为量，则人循之而无端。荡荡难名，宜其宏远。且敦穆九族，放勋流美于前；克谐烝乂，重华垂誉于后。无以奸破义，无以疏间亲。察之以德，则邦家俱泰，骨肉无虞，良为美矣。(《帝范》)

译文：

国君德行的宏大在于广览皆听，了解老百姓的心声。还要张设名分，悬示教令，以法来管理、教化人民。一切都要符合事物的规律，因时制宜，根据万事万物的道理来驾驭万事万物。处理事情的方式方法应该以巧妙隐秘为妙，但应当坚守的做人治事的原则却要不断强化、光大。用至大至公之心去包容宇宙，人们就只能去仰望你，却又无法来测度你；有覆盖大地的肚量，那么人民就只能依循你，但又找不到你的端倪。要像尧帝那样坦荡浩大，让人们莫可名状。帝尧又能处理好九族的关系，流布美善之道于前；帝舜能够以孝进善，垂美誉在于后。不要以奸邪破坏道义，不要以疏间亲。凡一个帝王的所作所为，审查必合于道德，那么国家和家族就能保持安泰，骨肉至亲也不会有祸患。能如此，实在是达到了大善啊！

解读：

上面这段文字是对美好君王的想象，他会根据事物的规律办事，不会出现骨肉相残的情景，所以这样的君王就是大善之人。

案例：

从尧舜到当代：中国人的“明君”情节

尧舜之所以被中国人怀念，是因为尧舜的开明与贤德；商汤之所以被人民怀念，是因为商汤的仁政；周文王之所以被人民怀念，是因为他的轻徭薄赋、政治贤德；公子小白被人怀念，是因为重视人才，士愿为知己者死；汉文帝之所以被人怀念，是因为他的与民休息；汉景帝之所以被人怀念是因为他的政治清明；三国争霸中，曹操因为善于用人惜才而被人民怀念，孙权因为还富于民而被人民怀念，刘玄德因为仁义而被人民怀念；到了隋唐，人民怀念一位君主，大多是因为他的孝行、德操、坚贞，因为他的与民休戚、轻徭薄赋——随随便便举出本书中的任意一个例子，就可以说明这些，这些抽象，但同时又十分具体的要求，其实体现了从古至今中国人对于最高领导人的一种理想境界：会根据事物的规律办事，不会出现骨肉相残的情景，在他的治理下，国家清平，人民安居乐业。——于是，毛泽东的时代即便有些许不好，人民依旧怀念那个时代微小的贫富差距；于是，有人怀念20世纪80年代整个中国热气腾腾向上的求知欲，怀念那个时代的青春热血；于是，也有人怀念90年代，因为市场经济刚刚开放，物质刚刚丰富起来，有人怀念胡温十年，因为从那个时代开始，领导人有了邻家爷爷的感觉——其实，过许多年后——甚至不用许多年，就会有人怀念我们现在的这个时代：包容开放进步、一切都在向前。

虽说中国不会再有封建君主的出现，但是，中国人在五千年的文化浸淫之下，对于最高领导人的期待，是不会有多大变化的。——这就是最好的时代，也是百姓们最为期待的时代。

在现代的领导团队中也是同理。这些标准只是下属们对于优秀领导人的一些要求，团队领导尽力做到就好了，也不需要对自己求全责备，因为古往今来，这些仅仅是要求而已，还没有人能够做到。